# Lustige Tiergeschichten

Das Tierhaus

## Von Hildegard Kiehne

Bibliografische Information der Deutschen Nationalbibliothek: Die Deutsche Nationalbibliothek verzeichnet diese Publikation in der Deutschen Nationalbibliografie; detaillierte bibliografische Daten sind über dnb.d-nb.de abrufbar.

## Impressum

Texte & Fotos:     © Copyright by Hildegard Kiehne
Satz & Layout:     "Sagenhafter Harz", Carsten Kiehne

Veröffentlichung:   Februar 2019, 2. Aufl.
ISBN             978-3-748166207

Herstellung und Verlag:  BoD – Books on Demand, Norderstedt

*„Wohlfühloase Tierhaus"*

# Inhaltsverzeichnis

## Vorwort

„*Tiere können uns etwas beibringen.*

*Sie helfen uns, etwas über uns selbst zu lernen, indem sie unsere Aktionen durch ihr Verhalten widerspiegeln.*

*Sie lehren uns, wieder Verbindung zur natürlichen Welt aufzunehmen.*

*Und eine der wichtigsten Lehren, die wir von ihnen erhalten, ist zu lernen, auf die Art und Weise zu lieben, wie sie es tun – und zwar bedingungslos.*

*Meine Hoffnung ist es, dass Sie nicht nur eine innige Beziehung zu Ihren tierischen Gefährten spüren, sondern auch großen Respekt für alle Lebewesen, für die Umwelt und das Leben im Allgemeinen empfinden.*"

Carol Gurney, Tierkommunikatorin

Seit 2002 wohnen und arbeiten wir in unserem Tierhaus mit vielen Tieren zusammen. Derzeit wohnen bei uns fünf Pferde, ein Hund, zwei Katzen, zwei Mini-Hängebauchschweine, drei Waschbären, vier Hühner und drei Laufenten.

Alle Tiere sind für uns nicht nur Familienmitglieder, sondern auch Arbeitskollegen. Ich arbeite für eine freie Schule als Heilpädagogische Reittherapeutin und organisiere pädagogische und therapeutische Mensch - und Tierbegegnungen zwischen den Kindern unserer Schule und unseren Tieren. Spannend finde ich die Arbeit mit den verschiedenen Tierrassen und den Kindern.

Interessante und lustige Begegnungen können wir auch immer mal zwischen unseren Tieren, auch zwischen den Tieren verschiedener Rassen beobachten, z.B. erzählt die Geschichte „Massage für Rosie" davon.

Einige Tiere, wie die meisten unserer Katzen, oder das Fohlen Raja sind von uns mit Hand aufgezogen wurden. Wieder andere haben eine gewisse Zeit bei uns mit in der Wohnung gelebt, wie Raja, weil sie winzig und unterernährt im Winter zu uns kam, und wir draußen nur Offenställe für unsere Pferde haben. Auch die Schweine lebten mit im Haus. Als sie zu uns kamen, waren sie sehr verängstigt. Sich kennenzulernen geht am besten, wenn man viel miteinander zu tun hat und nahe aneinander „dran ist".

Die Waschbären haben ihre Babyzeit in einer Voliere in unserer Küche verbracht und wenn im Sommerhalbjahr die Küchentür in Richtung Hof offensteht, kommen uns auch die Hühner ab und an besuchen, bevor sie im Garten wieder an ihre „Arbeit" gehen.

So kam es, dass mein Mann Robert irgendwann einmal die Idee hatte, dass wir ja ein „Tierhaus" sind. So bekam unser Haus seinen Namen.

Unsere Tiere haben es gut bei uns, wir bemühen uns ihre Bedürfnisse zu erfüllen und ich denke, dass sie wissen, dass wir sie lieben. Deshalb haben wir sehr freundliche, menschenbezogene Tiere. Wenn die Kinder aus unserer Schule auf den Hof kommen, versammeln sich alle Tiere, freuen sich, die Kinder zu sehen und machen den Eindruck, dass sie hoffen, von den Kindern für die nächste Stunde ausgewählt zu werden. Die Katzen kommen aus ihren „Schlafverstecken" und streichen den Kindern schnurrend um die Beine, die Schweinchen stehen erwartungsvoll an ihrem Zaun, die Waschbären hängen am Gitter ihres Geheges und strecken ihre kleinen Händchen aus, wenn die Kinder zu ihnen kommen und sogar die Hühner versammeln sich auf dem Hof!

Unser alter, müder Hund Vincent hebt zumindest den Kopf von seiner Schlafmatte und wedelt müde mit dem Schwanz, wenn die Kinder ihn streicheln. Wenn sie dann weiter gehen wollen, stupst er sie mit seiner dicken Pranke an, gerade so als ob er sagen wollte: „Eh, Du, weiterstreicheln, bitte!"

Übrigens haben wir eine Hofregel im Tierhaus. Sie heißt:

*Auf diesem Hof behandeln wir alle Menschen und alle Tiere mit Achtung und Respekt!*

Das schließt ein, dass wir auch die Tiere nicht ärgern, abfällig oder verächtlich behandeln.

Natürlich sind im Laufe der Jahre viele lustige Begebenheiten mit unseren Tieren passiert. Einige liegen schon Jahre zurück, aber wenn wir uns diese Geschichten ab und zu erzählen, haben wir nach wie vor Spaß daran und die ganze Familie hat dann gemeinsam etwas zum Lachen!
Irgendwann entstand mal die Idee, die Geschichten aufzuschreiben. Es hat mir viel Spaß gemacht, weil ich in dem Moment, als ich geschrieben, oder ein Bild dazu gemalt habe, in Gedanken diese Begebenheit noch mal durchlebt habe. Die meisten der Geschichten habe ich mit einem Lächeln im Gesicht geschrieben.

Ich hoffe und wünsche mir sehr, dass Sie beim Lesen dieser Geschichten genauso viel Spaß haben werden, wie ich ihn beim Schreiben hatte.

Ihre Hildegard Kiehne aus dem Tierhaus

# 1. Hilfe, die Schweine sind los - oder wie unsere Schweine ins Radio kamen...

Unsere beiden Minischweinferkel Urmel und Rosie waren noch nicht lange bei uns.

Sie hatten aber schon gelernt, sich in der Wohnung und auf dem Hof zu orientieren und verbrachten ihre Tage damit, zu fressen, zu schlafen, ihr neues Zuhause zu erkunden und, wie kleine Ferkel das total gerne tun, herumzutollen.

Es war kein Problem für sie, mal ein, zwei Stunden allein zu bleiben, wenn wir nur zu den Fütterzeiten pünktlich wieder da waren. Denn wenn eines für kleine und erst recht für große Schweinchen wichtig ist, dann ist es das Essen – pünktlich und möglichst viel!

Eine viertel Stunde, mit dem Auto von unserem Ort entfernt, gab es einen Laden für ganz besondere Damenbekleidung. Die Sachen, welche man dort kaufen konnte, waren so richtige Hingucker. Der Laden war liebevoll eingerichtet und mit vielen kleinen Extras ausstaffiert und es dauerte schon eine Weile, bis man sich einmal durch die unzähligen hübschen Sachen „durchgearbeitet" hatte.

Mit meiner Freundin dorthin zu fahren, war wie ein Mini – Urlaub in unserem so arbeitsreichen Alltag und wir gönnten uns dieses Vergnügen nur relativ selten. Eines Tages war es wieder einmal so weit. Aufgeregt und voller Freude wühlten wir in den feinen Sachen, probierten an, stellten uns einander in den schicken Sachen vor und berieten uns gegenseitig.

Nebenbei lief das Radio, ein regionaler Sender war eingestellt, die Musik rieselte so an uns vorbei, wir schwelgten ja in all den Kostbarkeiten. Die Nachrichten begannen. Eigentlich hörte ich nur mit einem viertel Ohr hin. Plötzlich aber erstarrte ich! Was hatten die da gerade gesagt? „Zwei Schweine unterwegs? In Neinstedt? Auf der Stecklenberger Straße?"

Oh Gott!
Oh nein!
Ach Du liebe Zeit!
Das werden doch nicht etwa ... unsere Schweinchen sein?
Hat noch jemand in unserer Straße Schweine?
Nein, nicht, dass ich wüsste!

All das schoss mir in Blitzesschnelle durch den Kopf! Noch nie in meinem Leben war ich so schnell aus den gerade anprobierten Sachen heraus und in meine eigenen wieder hineingeschlüpft! Im Vorbeirennen rief ich der verdutzten Verkäuferin noch einen Gruß zu, ich raste zu meinem Auto und legte die Strecke, dank einer ganzen Schutzengelkompanie, heil, in nur der halben Zeit wie sonst zurück!

Unterwegs hatte ich noch immer die Hoffnung: „Vielleicht waren´s ja doch nicht unsere!" Am Hoftor angekommen, schwand diese Hoffnung aber, als ich sah, dass irgendjemand einen großen Stein vor das Tor gekullert hatte, so dass es von innen nicht mehr geöffnet werden konnte! Es waren unsere Schweine!

Am nächsten Tag gab sich die nette „Finderin" unserer Ferkel zu erkennen, als sie meinem Mann in unserem Ort über den Weg lief. Sie gab meinem Mann einen kurzen Lagebericht: „Ja, und als ich da lang kam, da liefen mir die beiden Schweine über den Weg und da habe ich gedacht, die können doch eigentlich nur Euch Verrückten gehören! Da hab ich die in Euer Hoftor getrieben und hab den Stein davor gerollt, dass die nicht nochmal rausrennen!"

 ## 2. Nüsse gibt es nur bei Sturm

In unserem Garten gibt es fünf große Walnussbäume. Eigentlich müsste man denken, im Herbst wissen wir nicht wohin, mit unserer riesigen Walnussernte – aber weit gefehlt. Pünktlich ab dem Zeitpunkt, wenn die ersten reifen Nüsse auf den Rasen kullern, beginnen unsere Minischweine Urmel und Rosie mit ihren Patrouille-Gängen durch unseren Garten.

Mehrmals am Tag wird der Boden unter den Nussbäumen Zentimeter für Zentimeter sehr gewissenhaft kontrolliert. Nuss für Nuss verschwindet in den gierigen, kleinen Schweineschnauzen. Immerhin sind sie nicht gierig genug, die Schale mitzufressen, die wird nämlich fein säuberlich aussortiert und wieder ausgespuckt, sehr zur „Freude" von Leuten, die gerne barfuß laufen!

Ich frage mich, wie zwei kleine Schweinchen es schaffen, die Ernte von fünf großen Nussbäumen alleine zu vertilgen - aber wir bekommen so gut wie keine ab!

Es sei denn - es ist Sturm! Schlechtes Wetter ist bei Schweinen nicht sehr beliebt! Sie bleiben dann doch lieber in ihrem warmen, trockenen und windgeschützten Stall und schlafen ein bisschen länger als sonst.
Dann kommt unsere Stunde! Mit Beuteln und Körben bewaffnet flitzen wir im Garten umher und sammeln, was das Zeug hält!

Wenn der kalte Wind durch unsere Klamotten bläst, unsere Mütze vom Kopf fegt und uns vor Kälte mit den Zähnen klappern lässt – egal! Wir sammeln! Denn: Nüsse gibt es nur bei Sturm!

# 3. Jungs lieben Autos

Jungen lieben Autos und vieles andere auch, wie Motorräder, Eisenbahnen, Feuerwehren, wenn es nur Räder hat. Das war schon bei meinen Söhnen so, als sie noch klein waren und genau das habe ich auch bei den kleinen Jungen erlebt, die ich kennen gelernt habe, als ich damals im Kindergarten gearbeitet habe.

Aber dass auch Pferdejungen alles, was Räder hat, interessant finden, hatte ich noch nie erlebt. Dann bekamen wir Alfons. Alfons ist ein großes, schweres Kaltblutpferd. Solche Pferde werden im Wald zum Rücken schwerer Baumstämme angespannt, sie können auch schwere Wagen ziehen. Wir kauften Alfons für die Arbeit mit den Kindern. Als er zu uns kam, war er drei Jahre alt.
Wir nahmen uns viel Zeit, ihn an seine künftige Arbeit zu gewöhnen. Wenn wir mit den Kindern durch den Ort ritten, führte auch ein Helfer Alfons mit, damit er sich an den Straßenverkehr gewöhnt. Wir waren völlig verblüfft, als wir bemerkten, dass Alfons alles sehr spannend fand, was Räder hat.

Auf einmal dauerten unsere Ausritte doppelt so lange, weil Alfons jedes Auto ausgiebig bestaunen musste. Er blieb stehen und schaute dem Auto entgegen. Wenn es vorbeifuhr, drehte er sich herum und schaute ihm noch hinterher, bis es um die nächste Ecke gebogen war.
So etwas hatte ich noch nie erlebt! Als er sich dann endlich

an die Autos gewöhnt hatte und nicht mehr den Verkehr aufhielt, wenn eines zu sehen war, bewunderte er aber immer noch ausgiebig andere Fahrzeuge, die Räder hatten. Wegen eines Kinderwagens hätte er fast einmal die Straßenseite gewechselt, um ihn genauer zu untersuchen. Äußerst spannend fand er auch Rollstühle mit Leuten drin. Mehrmals mussten wir ihn mit sanfter Gewalt davon abhalten, diese näher zu inspizieren. Es wäre den Rollstuhlfahrern sicher etwas unheimlich geworden, wenn plötzlich ein Riesenpferd vor ihnen auftaucht und sie von allen Seiten beschnuppert und ableckt!

Sehr faszinierend fand er auch Baufahrzeuge, wie Bagger oder Kranautos. Wir mussten ihn mehrere Male davon abhalten, eine Baustelle zu betreten, um diese näher zu betrachten.
In dieser Zeit hatten wir ein lustiges Erlebnis mit Alfons:

Wir gingen eine Nebenstraße entlang, als Alfons plötzlich unvermittelt stehen blieb! Er zeigte große Angst und war nicht bereit, auch nur einen einzigen Schritt weiter zu gehen. Wir sahen uns um, in der Hoffnung, herauszufinden, was dem großen Kerl solche Angst macht. Aber außer einem Mann, der im Handschuhfach seines Wagens irgendetwas suchte, war weit und breit nichts zu sehen. Wir versuchten uns in Alfons hineinzuversetzen.

Na klar, das war`s! Ein Auto, dessen Tür offensteht und aus dem ein HALBER Mensch herausguckt! Die andere Hälfte war ja nicht zu sehen, weil sie im Auto verschwunden war! Als der Mann das, was er suchte, gefunden hatte, wieder auftauchte und plötzlich wieder „ganz" war, beruhigte sich Alfons augenblicklich und wir konnten weiter gehen!

 ## 4. Katzenkino

Viele Jahre haben wir das Tierheim in Quedlinburg unterstützt und verwaiste Katzenwelpen aufgezogen. Die Kätzchen, die uns am meisten Sorgen machten, haben wir oftmals selbst behalten, um ihnen nach ihrem schwierigen Start ins Leben nicht noch eine Umgewöhnung zuzumuten. So kam es, dass wir eine ganze Zeit lang gleich vier Katzen in unserer Obhut hatten.

In unserer Küchentür, aus der man auf den Hof gelangt, haben wir eine Katzenklappe. So können die Katzen immer selbst entscheiden, ob sie drin oder draußen sein wollen.

Eines Nachmittags im Herbst, kamen wir vom Einkaufen zurück. Wir betraten schwer beladen unsere Küche – und konnten es nicht fassen, was sich uns für ein Bild bot:

Drei von vier Katzen saßen im Kreis um einen alten Topf herum, der unseren Tieren als Trinknapf dient. Sie machten einen sehr angespannten Eindruck, ja sie lauerten geradezu. Verwundert traten wir näher und schauten in den Topf. Doch was war das?

In dem Topf schwamm immer rundherum ein kleines Mäuschen! Panisch versuchte es, aus seiner verzweifelten Lage zu entkommen und hatte doch keine Chance.

Das Mäuschen hatte, so fanden wir, in seinem Leben genug Stress und Angst aushalten müssen.

Wir konnten nicht anders, wir nahmen das Mäuschen und brachten es in einen nahegelegenen Park, wo wir ihm die Freiheit schenkten.

# 5. Vincent und das Entenküken

Es war ein sonniger Märzsonntag. Ich wanderte mit einigen Freundinnen im Bodetal. Wir waren schon auf dem Rückweg, als mich Gitta plötzlich am Jackenärmel zog und einige Meter vor uns auf den Weg zeigte! Was war denn das? Ein flaumiges, weiches, winzig kleines Entenküken watschelte über den Weg. Aber wo war der Rest seiner Familie? Wir schauten uns ratlos um und suchten die Umgebung in alle Richtungen ab, doch weit und breit keine Entenmutti in Sicht.

Schließlich wickelten wir das flaumweiche Entenkind in ein Tuch und nahmen es mit. Doch wie bringt man so ein Entenküken unter, so dass es sich wohl fühlt? Was gibt man ihm zu essen? Wir steckten das Küken in einen Katzenkorb und stellten ihn auf das Sofa.

Dann begannen wir zu recherchieren. Neben dem Sofa, auf seiner Matte, lag unser Hund Vincent und schnarchte leise vor sich hin. Schließlich erhielten wir die Telefonnummer einer Familie, die Erfahrung mit der Aufzucht von Hühnern und Enten hatte. Schnell holte ich mein Handy und rief bei ihnen an. Mit dem Handy am Ohr machte ich mich auf den Weg in die Stube, um nach unserem Schützling zu sehen. Ich kam um die Ecke – und das Blut stockte in meinen Adern!

Das winzige Küken war wohl durch die Gittertür des Katzenkorbes geklettert und saß jetzt gemütlich auf der Sofalehne.

Direkt vor seinem Schnäbelchen sah ich die lange dicke Nase unseres Hundes, der aufgewacht war, sich hingesetzt hatte und den Neuankömmling vorsichtig beschnupperte!

Ich war völlig gerührt über dieses Bild, was sich mir bot. Wieder einmal war ich stolz auf diesen lieben alten Hund, der seit einigen Jahren bei uns wohnte und von dem eine Freundin mal gesagt hatte: „Wenn man diesen Hund mit einem Wort beschreiben sollte, hieße es: L I E B E !

# 6. Helene mit dem siebten Sinn

Helene ist ein weißes Hühnchen. Sie wohnt jetzt das dritte Jahr bei uns. Sie ist ein besonderes Huhn. Als sie zu uns kam, war sie so ängstlich, wie die anderen Hühner auch. Aber in letzter Zeit...:

Sie ist so ein richtiger Feinschmecker. Jeden Tag hat sie viel Arbeit in unserem großen Garten zu erledigen: picken, scharren, ein Ei legen, den Misthaufen nach Würmern durchsuchen, ein Sonnenbad nehmen, sie ist eigentlich immer unterwegs.

Aber egal wann es bei uns etwas zu essen gibt, egal, welche Mahlzeit, Helene ist zur Stelle! Das passiert unabhängig davon, ob wir im Garten, auf dem Hof oder in der Wohnung essen - eines ist immer gleich: Helene flattert heran, zu meinem Mann Robert auf den Schoß und sucht sich dann von seinem Teller oder seiner Salatschüssel die besten Happen aus!

An einem Sonntag im September aßen wir Frühstück im Garten – Helene war da! Wir aßen Mittag im Garten – wer kam um die Ecke geflitzt? Wir aßen Abendbrot bei geschlossener Tür in unserer Küche. Gerade wollte ich etwas schadenfroh zu meinem Mann Robert sagen: „Ha, jetzt merkt sie`s nicht!", als ich aus den Augenwinkeln etwas Weißes mit atemberaubender Geschwindigkeit über den Hof in Richtung Küche flitzen sah!

Ich frage mich: „Woher weiß sie das?"
Inzwischen hat sie auch so einige Vorlieben entwickelt:

Käsestückchen aus dem Salat oder die Quarkcreme aus der Käsetorte, auch ein Schlückchen selbstgemachten Eierlikör verschmäht sie nicht.

Sie nimmt sich ganz schön viel raus? Finden wir nicht!

Wir haben mal gerechnet: Helene hat in den ersten zwei Jahren hier auf dem Hof jeden Tag ein Ei gelegt! Dieses kleine, zarte Hühnchen hat uns schon mehr als 730 Eier geschenkt!

Viele Hühner werden für diese Wahnsinnsleistung „belohnt", indem sie im Suppentopf landen! Wir finden eher, diese tollen, intelligenten Tiere haben sich ein langes Leben verdient!

 ## 7. Die Kirchenchorprobe

Im August kamen Jens und seine Freundin Stefanie mit ihren Pferden zu uns. Wir hatten mit anderen Freizeitreitern ein Trail-Wochenende geplant und wollten gemeinsam dafür üben.

Da unsere Pferde sich durch gemeinsame Wanderritte kannten, ließen wir die beiden Besucherpferde gemeinsam mit unseren Pferden auf unsere Koppel laufen.

Jens´ Pferd Geronymo fand das neue Herdenmitglied sehr spannend und trabte zu ihr, um sie zu begrüßen. Raja aber erschrak fürchterlich und raste davon. „Oh neeeein!"

Entsetzt mussten wir zusehen, wie die wilde Jagd erst quer über die Koppel, dann durch den Koppelzaun und Richtung Hauptstraße ging! Da Pferde Herdentiere sind und es vorziehen, wenn sich schon mal die Gelegenheit bietet, dann schon gemeinsam auf „Wanderschaft" zu gehen, rasten nun acht Pferde in wildem Galopp auf Neinstedt zu und auf der viel befahrenen Hauptstraße durch den Ort hindurch! Am Ende des Ortes befinden sich die Neinstedter Anstalten, in denen geistig behinderte Menschen betreut werden. Dort raste Raja mit ihrem Gefolge in eine große Einfahrt hinein.

Während sieben Pferde auf einer saftigen Wiese zum Halten kamen, nahm Raja schnurstracks Kurs auf ein altes, ehrwürdiges Gebäude, in dem sich die Aula der Anstalt befindet!

Dort hielten zur selben Zeit einige ebenso alte und ehrwürdige Damen des Ortes ihre allwöchentliche Probe des

Kirchenchores ab. Raja raste die Treppe hoch, denn nur die Nähe von Menschen und das Innere eines Hauses bedeuteten für sie Sicherheit. Sie platzte mitten in die Chorprobe hinein und der werte Leser mag es sich bildlich vorstellen, ebenso schnell wie Raja im Haus verschwunden waren, verließen die Damen es in umgekehrter Richtung!

Nun standen wir vor einem Problem: Sollten wir es wagen, sie die steile Steintreppe wieder hinunter zu führen? Kurzentschlossen stieg Robert mit Raja in den Fahrstuhl des Gebäudes.

Froh, dass jemand aus ihrer „Familie" wieder bei ihr war, folgte sie ihm, ohne zu zögern, in den Aufzug und protestierte auch nicht, als dieser sich in Bewegung setzte.

Einige Monate später hatte Raja nochmals die Gelegenheit, die „Fahrstuhlübung" zu wiederholen:
Kurz vor Silvester waren wir spätabends mit Raja und unseren drei Hunden unterwegs auf unserer „Abendrunde". Doch plötzlich krachte in unserer Nähe ein Böller und unsere frei mitlaufenden, „mutigen" Hunde verabschiedeten sich gleich-zeitig! Zwei der Hunde flitzten nach Hause, Roberts Hund Igor aber nahm Kurs auf Roberts Arbeitsstätte, ein Wohnheim der Neinstedter Anstalten.
Umgehend nahm Robert mit Raja die Verfolgung auf! Leider wartete Igor nicht vor dem Gebäude, sondern im dritten Stock, in der Wohngruppe, in der Robert als Heilerziehungs-pfleger arbeitet! So kam Raja zum zweiten Mal in den Genuss einer Fahrstuhlfahrt!

Die jungen Männer und Frauen auf der Wohngruppe hatten sich gerade bettfertig gemacht, als sich die Flurtür öffnete …

… und ein neugieriges kleines Pferdegesicht um die Ecke lugte! Als Robert mit Raja die Wohnung betrat, blieben alle in ihren Schlafanzügen stocksteif mit vor Überraschung weit aufgerissenen Augen und Mündern stehen!
Keiner sagte auch nur ein Wort, aber ganz langsam verzogen sich die Münder zu einem breiten Grinsen von einem Ohr zum anderen...! *(aus „Ein Pferd steht auf dem Flur")*

 ## 8. Wo ist denn nur die Urmel?

Als unsere Minischweine Urmel und Rosie noch Ferkel waren, wohnten sie bei uns in der Wohnung. Wir setzten die Türklinke außer Betrieb und besorgten im Baumarkt einen Türschließer. So konnten die Schweine, wann immer sie wollten, die Wohnung verlassen und in den Hof und den Garten gehen, ohne dass ihnen jemand die Tür öffnen musste. Mit ihrer geschickten Nase lernten sie schnell, die Tür auch von außen zu öffnen, um wieder in ihr gemütliches Bett an unserem Kachelofen zu kommen. Eines Tages kamen wir nach einem Spaziergang mit unserem Hund wieder nach Hause, doch entgegen kam uns, kurze, aufgeregte Ruflaute ausstoßend, nur unser Schweinemädchen Rosie! Es war ungewöhnlich, nur ein Schwein vorzufinden. Schweine sind gesellige Tiere, sie wollen immer mindestens einen Artgenossen an ihrer Seite haben. Sind sie alleine, fühlen sie sich einsam und nicht beschützt. Eigentlich waren wir es gewohnt, den Beiden immer und überall nur im Doppelpack zu begegnen!

Wir waren sehr besorgt und machten uns in Haus, Hof und Garten auf die Suche. Doch vergebens! Je später es wurde, umso fieberhafter suchten wir, doch wir konnten und konnten Urmel nicht finden! Da es schon dämmerte, suchten wir zuerst draußen.

Nichts, nirgendwo eine Spur, ein Mucks, auch nur irgendein kleines Lebenszeichen von Urmel!

Nachdem wir draußen jeden Winkel vergebens durchsucht hatten, kam die Wohnung dran.

In der Küche – nichts! Im Wohnzimmer – wieder nichts! Im Bad, im Flur – keine Spur von Urmel. Atemlos vor Angst und Aufregung stiegen wir die vier Treppenstufen zu unserem Schlafzimmer hoch – und wären beinahe rückwärts wieder hinunter gepurzelt!

Uns bot sich der Blick auf eine märchenhafte Winterlandschaft dar! Das Bett, die Bücherregale, der Nachttisch, der Fußboden, alles, aber auch alles war mit einer Schicht Daunenfedern bedeckt!

Einzelne zarte Federn schwebten bei jeder noch so leisen Bewegung durch die Luft und erinnerten an ein weiches Schneegeriesel! Unter den tausend und abertausend Daunen blitzte das zerfetzte Inlett unseres ehemaligen Federbettes hervor. Es lag noch auf dem Bett. Aber wo war der Bezug? Der lag neben dem Bett! Aber was war das? Er bewegte sich ganz sachte! Was auch immer da drin war, es hatte ungefähr die Form und die Größe einer Gasflasche. Ganz vorn war noch ein Abdruck zu sehen! Was man da durch den Bettbezug sehen konnte, erinnerte das entfernt an eine Steckdose? Ja – wir hatten unser Schweinchen wieder! Und das war einerseits eine große Freude – aber andererseits stöhnten wir bei dem Gedanken, dass jetzt eine mehrstündige Aufräumarbeit vor uns lag!

# 9. Massage für Rosie

Unsere Minischweine lieben es, gestreichelt, massiert und gebürstet zu werden. Ist der Untergrund, auf dem sie gerade stehen, weich und trocken, kippen sie sogar vor lauter Wohlbehagen auf die Seite, sobald eine Wurzelbürste an der richtigen Stelle eine schöne Bauchmassage verspricht.

Wohlig grunzend schließen sie ihre Augen und an ihrer kleinen Schnauze gehen die Mundwinkel nach oben, als würden sie lächeln. Vielleicht ein oder zweimal im Jahr bürsten wir Babyöl in ihre Haut ein. Ihnen scheinen schöne Düfte sehr zu gefallen, denn sie versuchen sich an allem sehr intensiv zu reiben, was ihrer Meinung nach gut duftet, z. Bsp. ein frisch mit Bodylotion oder Sonnencreme eingecremtes Bein oder eine frisch gestrichene Hofbank... .

Neulich machten wir eine Entdeckung, die uns sehr verblüffte: Unsere Schweinchen dürfen überall im Garten frei umherlaufen, während die drei Waschbär-Kinder Coco, Willi und Balou in großen Gehegen untergebracht sind. An einer Stelle, unmittelbar neben dem Ausgang des Schweinestalles, geht das Gitter des Waschbär-Geheges bis zur Erde hinunter.

Als ich auf den Hof kam, sah ich, wie sich Rosie mit ihrem Körper ganz nah an das Gitter des Waschbär-Geheges drückt. Beim Näherkommen sah ich, wie auf der anderen Seite des Gitters eifrige kleine Waschbär-Händchen strebsam an Rosie herumfummelten!

Ich dachte, ich sehe nicht richtig! Ich musste lachen und teilte beim Abendbrot meinem Mann diese Entdeckung mit. Was für ein schlaues Schweinemädchen! Gemeinsam hatten wir unseren Spaß, als wir in den Wochen darauf immer mal beobachteten, dass Rosie verschiedene Körperseiten zum Fummeln darbot: Schaute sie zum Gehege hinein, fassten die Bärchen ihre Nase und ihre Ohren an, was sie auch zu genießen schien. Drückte sie ihre Seite an das Gehege, bekam sie eine kleine kombinierte Bauch- Seiten- und Rückenmassage und drückte sie ihr Hinterteil ans Gitter fummelten die Bären an Po und Schwänzchen herum.

Ganz schön erfinderisch, die Rosie!

# 10. Hundeschlitten

Meine Tochter Katrin war ungefähr 10 Jahre alt und ein sehr sportliches Mädchen, liebte reiten, Inliner fahren, auf Bäume klettern und vieles mehr. Wir hatten zu dieser Zeit zwei große Hündinnen.

Schessy war eine schwarze Neufundländerin und Ari war ein Bobtail.

Wir waren unterwegs. Ich hatte beide Hunde an der Leine, Katrin begleitete uns auf ihren Inlinern.

Auf einmal hatte sie eine Idee. „Gib mir mal die Hunde, Mutti, die können mich ein Stück ziehen!"

Ich sagte: „Auf gar keinen Fall, das ist viel zu gefährlich!" Katrin entgegnete: „Nein, gar nicht, das ist kein Problem!", und so ging die Diskussion eine ganze Weile hin und her. Schließlich gab ich irgendwann entnervt auf, drückte meiner Tochter die Leinen in die Hand und wünschte ihr „Guten Flug!"

Strahlend rollte sie hinter den freudig laufenden Hundefrauen hinterher. Plötzlich kam eine Katze über den Weg geflitzt! Wie auf Kommando nahmen Schessy und Ari die Verfolgung auf und verdoppelten dabei ihr Tempo!

Die Katze bemerkte dies recht schnell, stob in Richtung einer rettenden, dichten Hecke und verschwand darin. Nacheinander verschwanden auch Schessy, Ari und kurz danach Katrin in den Büschen!

Nach dem ersten Schreck und nachdem ich merkte, dass es allen gut ging, musste ich sehr lachen; dieses Bild war so komisch! Zum Glück fand auch meine Tochter dieses Erlebnis lustig, so dass wir jetzt, viele Jahre später, immer noch Spaß zusammen haben, wenn wir uns daran erinnern!

# 11. Katzenzirkus

Meine Tochter Katrin und ich, wir waren bei meiner Freundin zu Besuch, die auch zwei Kinder in Katrins Alter hat. Unsere Kinder waren ungefähr 11 Jahre alt. Meine Freundin hat, genau wie wir, viele Tiere, die es gut bei ihr haben und die sehr geliebt werden.

Wir beiden Frauen saßen in der Küche, tranken unseren geliebten Cappuccino und erzählten uns etwas. Plötzlich platzten unsere Kinder zur Küchentür herein und kündigten eine Zirkusvorstellung an: „Extra für Euch eingeübt! Katzenzirkus! Wir müssen nur nochmal proben und dann geht's los!".

Voller Spannung erwarteten wir die Aufführung! Wir wussten ja, dass es gar nicht so einfach ist, Katzen etwas beizubringen.

Es ging los. Die Tochter meiner Freundin war als Erste dran. Sie erschien mit einer Katze auf der Bildfläche. Sie hielt einen kleinen Leckerbissen hoch und die Katze machte – Männchen. Begeistert klatschten wir Beifall und die Zirkuskünstler verließen den Raum. Nun erschien meine Tochter mit einer Katze. Mit einem Leckerbissen brachte sie die Katze dazu, auf Kommando auf einen Stuhl zu springen. Tosender Beifall belohnte sie. Nun öffnete sich die Tür und der Sohn meiner Freundin erschien mit einer Katze auf dem Arm. Stolz kündigte er an: „Sie sehen nun... einen Salto!"

Ungläubig und starr vor Überraschung sahen wir, wie er die arme Katze so in die Luft warf, dass sie sich einmal überschlug und zum Glück auf den Pfötchen landete. Mit Recht empört machte sich die Katze aus dem Staub und ward so schnell nicht wiedergesehen.

Nach dem ersten Schrecken lachten wir Tränen über dieses Bild, welches wir wohl bei dieser Vorstellung abgegeben hatten: Zwei Muttis mit aufgerissenen Augen und Mündern, die erst mal um ihre Fassung ringen mussten!

 ## 12. Unterwegs, die Erste

Als unsere Schweinchen bei uns einzogen, fuhren wir ein Auto mit einem niedrigen Einstieg, so dass die Beiden bequem hineinlaufen konnten. Als sich die Beiden an uns gewöhnt hatten, fuhren wir immer mal auf einen kleinen Parkplatz im Wald, ganz in unserer Nähe und ließen die Schweine und unseren damaligen Hund Püppi aussteigen. Dann zogen wir los. Unsere Wanderungen waren nie sehr lang, aber wir hatten unseren Spaß. Als wir damit begannen, dachten wir noch, unsere Schweinchen bleiben sicher zuverlässiger bei uns, wenn wir sie mit einem Geschirr an der Leine führen. Wir kauften für gar nicht wenig Geld für jedes ein Geschirr (für kleine Hunde) und gewöhnten sie daran.

Einige Wochen später hatten wir mal wieder Zeit für eine kleine Wanderung. Stolz holten wir unsere Geschirre hervor, wollten sie den Beiden anlegen – aber sie waren in der Zwischenzeit zu klein geworden. Nun gut, die Schweinchen kamen ja auch so mit. In der Woche darauf kauften wir in der Zoohandlung neue, größere Geschirre (für mittelgroße Hunde), hatten aber wieder in den nächsten Wochen wenig Zeit für unsere Waldrunde. Aber am nächsten Sonntag, da schaffen wir es mal wieder! Wir holten die nagelneuen Geschirre heraus, wollten sie den Schweinchen anlegen, aber was war das? Oh nein - wieder zu klein!

Also gut, in der Woche darauf starteten wir einen letzten Versuch! Wir kauften wieder zwei Geschirre (für große Hunde).

Nun warteten wir nicht mehr so lange bis zum nächsten Waldspaziergang! Mit unseren so schön herausgeputzten Schweinemädels machten wir uns auf den Weg. Plötzlich hörte man, zwar weiter weg, trotzdem aber recht laut, einen Knall!

Die Schweine stoben los – mein Mann Robert musste mit – er hatte ja die Beiden an der Leine! In rasendem Tempo verschwanden alle drei in einem großen Dornenbusch! Unser Hündchen Püppi und ich standen wie erstarrt und schauten erschrocken auf den Busch! Er wackelte, man hörte ein Rascheln, ein Fluchen, kurz darauf tauchten zwei kleine Schweinchen – ohne Geschirr – auf, daraufhin erschien auch mein Mann! Aber wie sah er aus! Die Haare waren wild zerzaust, das Gesicht und die Hände zerkratzt. Hinter ihm schleiften die in sich verknoteten Leinen, an denen noch die leeren Geschirre hingen, am Boden.

Das war unser erster und letzter Versuch, unsere Schweinchen mit Geschirr durch den Wald zu führen. Auf jedem unserer Spaziergänge blieben sie auch ohne Geschirr immer in unserer unmittelbaren Nähe. Erschraken sie vor etwas, flitzten sie kurz in einen Busch oder hinter einen Baum, um sich uns aber in ganz kurzer Zeit wieder anzuschließen.

## 13. Unterwegs, die Zweite

Mein Mann Robert ist ein Frecher! Solche Witze, wie in dieser Geschichte, machen wir eigentlich nicht, weil wir sie nicht wirklich komisch finden, aber in diesem Fall konnte ich mir ein Lachen nicht verkneifen: Wir hatten gerade mit unseren Schweinemädchen Urmel und Rosie einen Waldspaziergang gemacht. Wieder auf dem Parkplatz angekommen, öffnete mein Mann das Auto und half gerade dem zweiten Schwein einzusteigen, als ein ca. 10 Jahre alter Junge neben uns hielt, mit großen Augen das Geschehen betrachtete und fragte: „War das jetzt ein Wildschwein?" „Na klar" antwortete Robert. Staunend fragte der Junge: „Und was machen Sie damit?". Daraufhin mein Mann, ins Auto einsteigend: „Na essen!"

 # 14. Unterwegs, die Dritte

Wenn es darum geht, Quatsch zu machen und die Leute ein bisschen zu veralbern, ist mein Mann Robert sehr einfallsreich!

Auf einem Waldspaziergang mit unseren Schweinemädels fiel ihm etwas ein, über das ich heute noch lachen muss, obwohl es schon einige Jahre zurück liegt. Wieder einmal waren wir mit unseren Schweinen Urmel und Rosie im Wald unterwegs. An einer Weggabelung begegneten wir einem älteren Ehepaar, welches auch gerade seinen Spaziergang durch den schönen Harzwald genoss.

Sie schauten uns und unseren Hund im Vorbeigehen an. Dann wurden ihre Augen groß, als sie die damals noch kleinen Schweinchen sahen, die in einigem Abstand hinter uns hertrippelten. Verblüfft fragten sie uns: „Sind das Ihre?" Robert darauf: „Nein, wir sind gerade am Flüchten, bestimmt kommt ihre Mutter gleich!" Leider konnte ich die bestimmt erschrockenen Gesichter der Leute nicht mehr sehen, weil Bäume zwischen uns waren, aber ich platzte laut heraus vor Lachen und konnte bis zum Auto auch nicht mehr damit aufhören!

## 15. Unterwegs die Vierte

Wieder einmal waren wir mit unseren Schweinen unterwegs. Es war ein Sonntagnachmittag im Sommer und wir wollten mal eine neue Strecke ausprobieren. Wir fuhren ein Stück aus unserem Dorf hinaus und parkten unser Auto an einer versteckten Stelle. Dort ließen wir die Schweinemädchen Rosie und Urmel und unser Hündchen Püppi aussteigen. Zunächst spazierten wir einen schönen Feldweg entlang. In freudiger Aufregung trippelten die Schweinchen mit eifrig hochgereckten Schwänzchen neben uns her. Sie schnüffelten hier und da, freuten sich über die ersten Augustäpfel im Gras und genossen den warmen Sommerwind auf ihrem Borstenkleid.

Wir kamen an einem kleinen Bach vorbei, der, jetzt im Sommer, nur ein schmales Rinnsal war. In einiger Entfernung konnte man schon die Schienen der Harzer Schmalspurbahn in der Sonne blinken sehen. Gar kein Problem. Wenn jemand erfahrene und souveräne Wanderschweinchen hat, dann doch wir! Dachten wir!

Die Schweine jedoch belehrten uns gleich eines Besseren! So eine endlose lange Schlange, die mitten über den Weg geht, noch dazu gleich doppelt! Das war wohl doch ein Problem, sogar ein unüberwindbares! Schweine können wirklich sehr, sehr stur sein. Wenn sie etwas wirklich nicht wollen, hilft eigentlich nur eins – Leckerbissen!

Als alte, erfahrene Schweineleute die auf jede Situation gut vorbereitet sind, hatten wir natürlich ein paar leckere Happen in der Tasche. Aber – weit gefehlt! Die beiden dachten nicht im Traum daran, die Schienen für die auf der anderen Seite sooo verlockend duftenden Leckerlis zu überqueren! Nun gab es nur noch eins – dann müssen die beiden eben über die Schienen getragen werden. Nun haben Schweine aber ein Problem:

Im Allgemeinen finden sie es nicht so toll, hochgehoben und getragen zu werden. Geduldig und liebevoll hockte mein Mann Robert so eine ganze Weile vor der Schiene und lockte die Schweinchen nahe zu sich heran.

Er schnappte sich eines. Dies strampelte erschrocken und Robert fiel mitsamt dem Schwein auf den Po. Da saß er nun, das Schwein auf seinem Schoß. Aufstehen ging nicht, denn das Schweinemädchen war doch so einige Kilos schwerer, als er gedacht hätte.

Nach mehreren erfolglosen Aufstehversuchen musste er das willensstarke Schweinchen wieder frei geben. Wer nun gewonnen hat? Ich gebe es nicht gerne zu – die Schweine natürlich.

Nach einem längeren Umweg kamen wir dann schließlich müde, staubig und hungrig wieder bei unserem Auto an und fuhren nach Hause. Nach einem leckeren Abendbrot für alle fleißigen Wanderer konnten wir aber schon wieder über dieses Abenteuer lachen!

# 16. Ich bin dann mal weg...

Eines Tages bekamen wir einen Anruf vom Tierheim. Spaziergänger hatten am Rand einer Tonkuhle einen Pappkarton gefunden, aus dem jämmerliches Fiepen zu hören war. Der Inhalt entpuppte sich als ein Knäuel winziger schwarzer Hundewelpen, für die händeringend eine Pflegemutter gesucht wurde.

Wir zogen die Kleinen mit der Nuckelflasche auf. Für vier der fünf kleinen Hunde fanden die Mitarbeiter des Tierheimes ein nettes Zuhause. In das fünfte Hündchen verliebte sich mein Sohn.

So durfte es bei uns bleiben. Es war klein und frech und wir nannten es Püppi. Sie wuchs heran und mit ihr wuchsen auch ihr Einfallsreichtum und ihre Findigkeit. Wenn sie Lust auf einen Spaziergang ohne uns hatte, kam sie auf immer neue Ideen, plötzlich ungesehen zu verschwinden. So sah ich sie einmal hinter einem dünnen Bäumchen stehen und uns beobachten. Kurz darauf war sie verschwunden. Auf der Gassirunde konnte die sonst so folgsame kleine Hündin manchmal ihre Ohren völlig auf Durchzug schalten, ignorierte jedes Rufen und ging erst einmal ihrer Wege. Natürlich kam sie nach relativ kurzer Zeit immer wieder und jedes mal atmete die ganze Familie auf.

Als sie älter wurde, hatte sie außer unserem Zuhause auch noch andere Anlaufpunkte. So tauchte sie auch immer mal auf der Koppel auf, wo ich im Sommerhalbjahr arbeite. Nahm ich sie gleich morgens mit auf die Koppel, kam es vor, dass sie plötzlich bei meinem Mann Robert auf der Wohngruppe für Behinderte auftauchte, oder in die Schule lief, für die ich mit meinen Tieren arbeite. Überall war sie gern gesehen und jeder freute sich, wenn sie auftauchte. Es war ihr deutlich anzusehen, dass auch sie sich freute, ihre menschlichen Freunde überall wieder zu sehen.

Manchmal brachte sie auch Geschenke mit. Wir haben oft gelacht, weil sie mit den Geschenken zufällig oft genau ins Schwarze traf!

Einer Freundin und Blumenliebhaberin brachte sie einen kleinen Blumentopf mit einem halbverwelkten Blümchen mit und legte ihn ihr vor die Füße. Ein anderes Mal brachte sie ihr einen kleinen Zettel mit, auf den jemand geschrieben hatte: „Bin mal kurz weg, komme gleich wieder"!

Die Krönung war aber, als sie einigen Reitmädchen eine tote Maus vor die Füße legte, worauf diese kreischend auseinanderstoben!

Püppi lebte 13 Jahre lang bei uns. Ich arbeitete gern mit ihr zusammen mit den Kindern. Die Kinder liebten sie und sie hat vielen Kindern geholfen, ihre Angst vor Hunden zu überwinden.

 # 17. Freches Pony

Meine Tochter Katrin war ungefähr 8 Jahre alt, als sie galoppieren
lernte. Wir übten erst an der Longe, bis sie den Galopp sicher
aussitzen konnte, dann ritt ich auf Shadow und führte Katrin
auf ihrem Pony Daisy an einem Strick neben mir her.
Schließlich ritt sie mit meiner Reitgruppe ins Gelände. Mitten
im Wald kreuzten sich die Wege. Zwei führten bergauf und
wir sprachen uns ab, diesen Weg hoch zu galoppieren.
Links und rechts von dem Weg ging ein Hang hoch.
Wir trabten ein Stück, dann gab ich das Kommando zum
Angaloppieren.
Die Pferde galoppierten freudig los. Wir ritten hintereinander
her, Katrin auf Daisy an letzter Stelle. Plötzlich hörte ich einen
Schrei: „Muttiiii"! Gleichzeitig sah ich hinter dem Hang, auf
einem anderen Weg, der aber parallel zu unserem Weg
verlief, den Kopf meiner Tochter im Galopprhythmus ihres
Ponys immer wieder auftauchen und wieder verschwinden.
Ich war völlig verblüfft. So etwas hatte ich noch nie erlebt!
Eigentlich sind Pferde Herdentiere und wollen immer in der
sicheren Herde beieinander bleiben.
Das Pony Daisy aber hat die ganze Gruppe den einen Weg
davon laufen lassen und hat dann selbst mit ihrer Reiterin auf
dem Rücken einen ganz anderen Weg gewählt!
Nach dem ersten Schreck konnten wir aber gemeinsam
darüber lachen und sagten uns einmal mehr: „Freches Pony"!

 # 18. Peter & das Hozpferd

Bei meiner Ausbildung zur Reittherapeutin lernte ich eine tolle, respektvolle Methode kennen: Das Begrüßen der Tiere. Das bedeutet folgendes: Wenn man zu einem Tier kommt, (Pferd, Hund, Katze, Kuh, Ziege,..., hält man seine Hand vor die Nase des Tieres, wartet ab und beobachtet. Natürlich kann man auch verbal „Hallo" sagen, auch das Tier beim Namen nennen. An der darauffolgenden Reaktion des Tieres kann man erkennen, ob das Tier Interesse hat, sich streicheln zu lassen oder mit uns zu arbeiten. Wendet es sich uns zu und schnuppert oder leckt es an der Hand bedeutet das: „Ich habe Interesse an Dir!"

Wendet es sich kurz in unsere Richtung und gleich darauf ab, ist sein Interesse für diesen Moment nicht sehr groß. Wendet es sich ab, geht weg oder schnappt sogar in unsere Richtung, ist es ziemlich offensichtlich: „Lass mich in Ruhe"!

Allen Kindern, die zu uns zum Reiten kommen, bringen wir diese Methode bei und halten sie dazu an, auf die Reaktion des Tieres zu achten.

Peter ist ein großer Junge mit Down-Syndrom, der schon viele Jahre zu uns zum Reiten kommt.
Damit die Reitkinder Voltigieren und die Hilfengebung beim Reiten nicht gleich am richtigen Pferd üben müssen und dessen Nerven damit eventuell überstrapazieren, baute mein Mann vor einigen Jahren ein Holzpferd.

Eines Tages, das neue Holzpferd stand auf dem Hof, kam Peter zum Reiten. Er kam zum Hoftor hinein, sah das Holzpferd – und stutzte. Nach einem Augenblick kurzen Nachdenkens ging er sehr selbstverständlich zu dem Holzpferd hin, hielt ihm seine Hand unter die Nase und beobachtete es aufmerksam.

Das Pferd hielt still, aber es drehte sich auch nicht weg. Ganz sachte und vorsichtig, hob er seine Hand und streichelte das Holzpferd, genauso, wie er das bei einem richtigen Pferd getan hätte. Wir standen dabei, beobachteten diese Situation und freuten uns über diesen einfühlsamen, respektvollen Jungen.

# 19. Eine Hornissengeschichte

Mein Mann Robert arbeitet auf einer Wohngruppe für geistig behinderte Menschen. Als er eines Tages dort ankam, wunderte er sich über die Unruhe, die dort herrschte. Irgendwo ganz in der Nähe schienen Hornissen ein Nest gebaut zu haben. Jedenfalls flogen etliche von ihnen im Flur der Wohngruppe herum und einige der Jugendlichen beobachteten die großen Insekten mit wachsender Angst und flüchteten panisch, sobald eines in ihre Nähe kam!

Doch Robert hatte die rettende Idee. Im Flur wurde das Licht ausgeschaltet, so dass er im Halbdunkel lag. Dafür wurde im Treppenhaus das Licht eingeschaltet. Der Plan funktionierte. Die Hornissen flogen in Richtung Licht. Eine verirrte letzte Hornisse wurde wedelnd ins Treppenhaus begleitet. Stolz strahlend stand Robert schließlich vor Paula, einem Mädchen, welches besonders große Angst vor den Insekten gezeigt hatte. „Na siehst Du"; lachte er sie an, „alle sind weg, komm, wir gehen wieder rein!".

Komisch, dachte er so bei sich, so richtig beruhigt scheint sie nicht zu sein. Mit großen Augen und offenem Mund starrte Paula Roberts T-Shirt an. So langsam stieg eine ungute Vorahnung in ihm auf. Er folgte Paulas Blick und schaute langsam an sich hinunter. Plötzlich stockte sein Blick! Steif vor Schreck sah er, was auf seinem T-Shirt krabbelte – eine Hornisse.

Tapfer unterdrückte er das panische Gefühl, welches in ihm aufsteigen wollte. Er griff sein T-Shirt und hielt es ein Stück von seinem Bauch weg. So ging er ganz vorsichtig, Schritt für Schritt in die Küche und griff sich einen Lappen, den er vorsichtig unter sein T-Shirt an die Stelle schob, über der das Tier saß. So gewappnet ging er auf die Terrasse und streifte dann mit einer schnellen Bewegung die Hornisse ab, die laut brummend davon flog und nicht wieder gesehen ward.

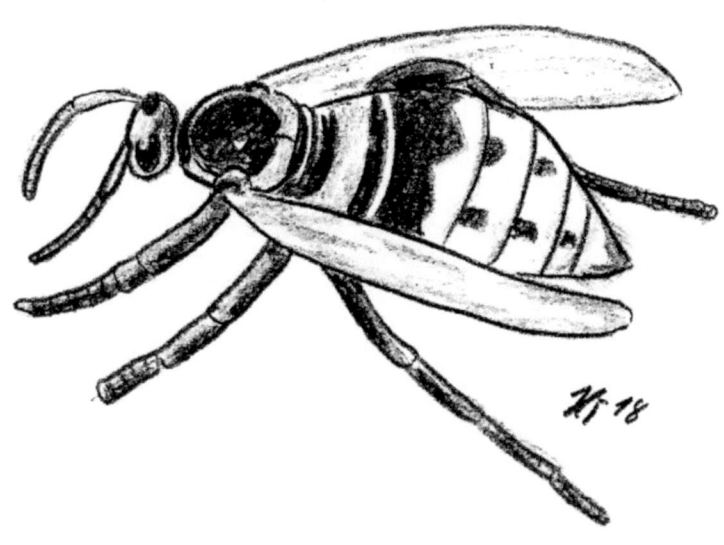

 # 20. Kindermund

## Leo, 4 Jahre alt

Leo, auf dem Pferderücken sitzend, betrachtet mit großen Augen die riesigen runden Schlaglöcher auf der Zufahrtsstraße zur Koppel. Dann sagt er: *„Hildegard, weißt Du, die Löcher da auf der Straße, das sind alles Fußabdrücke! Und weißt Du von wem? … Von Dinos!"*

## Denise, 2. Klasse

*„Mir sind mit Pferden insgesamt schon mal drei wirklich schlimme Sachen passiert!*
*Erstens: Einmal hat ein Pferd auf meinem Fuß gestanden!*
*Zweitens: Einmal hat ein Pferd meinen Finger mit einer Möhre verwechselt!*
*Drittens: …* (Ich warte gespannt, weil ich denke und ein bisschen befürchte, dass jetzt etwas wirklich Schlimmes kommt)*, Einmal hatte ich ein Pferdehaar im Mund!"*

## Maximilian, 2 Jahre

Der kleine Max sitzt vor einer Nacktschnecke und staunt. Wartet und wartet, doch die Nacktschnecke bewegt sich keinen Zentimeter. Da verliert er die Geduld und es platzt aus ihm heraus: *„Na los! Los Nacki … hops!"*

# 21. Rache ist süß

Viele Jahre lang haben wir verwaiste Katzenkinder aus dem Tierheim groß gezogen. Die ganze Familie hat sich in die Mahlzeiten geteilt und auch die Reitkinder fanden es toll, die Nuckelflaschen zu halten, die Kleinen zu streicheln und mit ihnen zu spielen. So wuchsen die Pflegekinder heran, wurden selbstbewusst und sehr menschenbezogen.

Von Anfang an gewöhnten sich die Kleinen auch an die Tiere, die außerdem noch bei uns wohnten, so auch an unsere Neufundländerhündin Schessy. Wenn man die kleinen Miezen und die riesige Hündin so miteinander sah, war der Größenunterschied schon beeindruckend.

Deshalb fanden wir es auch ziemlich frech, wenn wir die Kätzchen dabei beobachteten, wie sie aus sicherer Höhe, von einem Küchenstuhl aus, nach der vorbeigehenden Hündin tatzten.

Wir waren erstaunt und gerührt, dass sich Schessy das immer wieder gefallen ließ und scheinbar ungerührt an den frechen Katzenkindern vorbei ging.

Eines Tages aber war ihre Stunde gekommen.

Wir dachten, wir sehen nicht richtig, als wir folgende Szene beobachteten: Die Kleinen hatten ausgeschlafen und wollten auf dem Hof herumtollen. Eines nach dem anderen kletterte mühsam in der Küchenseite an der Katzenklappe hinauf und sprang oder purzelte auf der Hofseite wieder hinunter. Doch was war das?

Auf dem Hof saß unmittelbar neben der Katzenklappe Schessy und wartete schon. Jedes der kleinen, frechen

Quälgeister wurde von ihr mit einem gutmütigen leichten Prankenhieb in Empfang genommen. Erschrocken hoppelten die Kleinen erst einmal ein Stück weg, bevor sie gleich darauf mit ihren wilden, lustigen Spielen begannen.

Wir aber konnten erst einmal eine ganze Weile nicht aufhören zu lachen.

## 22. Zwei für Eins

Schweine lieben es sauber, trocken und warm. Deshalb hängten wir eine Rotlichtlampe in ihren Stall über ihr Strohbett. Jedes Mal, wenn die Beiden nach ihren ausgiebigen Spaziergängen durch den Garten wieder in ihr Strohbett wollten, entbrannte ein Kampf um den Platz unter der gemütlich warmen Rotlichtlampe. Dass meistens Rosie siegte und Urmel mit dem Platz daneben vorliebnehmen musste, fanden wir ungerecht. Urmel tat uns leid.

Aber wir hatten eine richtig gute Idee: Wir kaufen noch eine Rotlichtlampe! Gesagt, getan! Wir hängten die zweite Lampe relativ dicht neben die Erste, da die beiden Schweinemädchen beim Schlafen immer kuscheln. Doch was sahen wir, als wir abends um die Stallecke schauten? Rosie lag quer, so dass eine Lampe ihren Kopf und die andere Lampe ihr Hinterteil wärmte! Und Urmel? Die lag daneben...

# 23. Bettgeschichten

Da die Temperatur nachts noch häufig unter den Gefrierpunkt sank, schlief unser kleines Flaschenkind, das Fohlen Raja auch im Frühling noch einige Wochen im Flur! Allerdings musste sie des Nachts dabei bald auf unsere Gesellschaft verzichten und das kam so:

Wollte Raja nachts ihre Flasche, hievten wir uns schlaftrunken aus unserem provisorischen, klammen Lager, wankten ins Bad, in dem auf der Waschmaschine der Behälter mit Fohlenmilch und Nuckelfläschchen standen. Während wir die Milch zubereiteten, stand sie im Bad dicht hinter uns und sorgte immer mal mit einem sanften Stups ihrer weichen Nase dafür, dass wir uns kurzzeitig am Waschbeckenrand festhalten mussten, um nicht die teure Milch zu verschütten.

Hatte sie dann gierig ausgetrunken, marschierte sie schnurstracks und mit eiligen Schritten in ihr Schlafgemach (während wir die Flasche auswuschen). Dort legte sie sich umgehend ins Bett, leider nicht in ihr Strohbett, nein, unsere Isomatte samt Schlafsack erschienen ihr angemessener.

Mit zunehmendem Gewicht wurde es immer schwieriger, sie von unserem Bett in ihres zu befördern. Ich muss auch zugeben, dass meine Angst wuchs, irgendwann beim Kuscheln mal einen kleinen Huf ins Gesicht zu bekommen.

Während ich schlief, machten es sich Robert und Raja zur Angewohnheit, einen allnächtlichen Wettlauf um den Premiumplatz auf der Isomatte zu veranstalten.

In der Nacht, als Robert das Rennen gewann, sah Raja aber nicht ein, dass sie auf den begehrten Platz verzichten sollte und ließ sich auf Robert fallen. Unter Atemnot entschied dieser, sich fortan außerhalb Rajas Reichweite zu betten.

So zogen wir dann wieder in unser Schlafzimmer um. Wachte sie nachts auf, spazierte sie durch die dunkle Wohnung bis vor die Treppe, die zu unserem Reich führt, und machte sich dort bemerkbar, bis wir aufstanden und sie fütterten. Vielleicht sollte ich fairerweise erwähnen, um den „allzu euphorischen Leser" zu desillusionieren, dass das Bemerkbarmachen auch ab und zu im Abziehen von Tapetenstreifen bestand.

# 24. Patrouille zum Kühlschrank

Einige Zeit lebten unsere Mini- Hängebauchschweine mit bei uns, in der Wohnung.

Wir hatten ja schon einige Tiere mit in unserer Wohnung, Hunde, Katzen, Hühner, Waschbärbabys, ja, sogar schon einmal ein kleines Fohlen. Aber keines von ihnen hat fertiggebracht, was sich die Schweine so erlaubt haben:

Eines Tages kamen wir nach der Arbeit wieder nach Hause. Als wir auf den Hof fuhren, war noch alles wie immer. Nichts ließ uns ahnen, was uns gleich erwarten würde. Vom Hof aus führt eine Tür gleich in unsere Küche. Wir betraten unsere Küche und blieben wie erstarrt stehen.

Die Kühlschranktür stand weit auf und der Inhalt des Kühlschrankes war überall auf dem Küchenfußboden verteilt. Das heißt eigentlich nur die Behälter, in denen ehemals Käse, Joghurt, Gemüse, die Reste vom Mittagessen und einiges mehr, untergebracht waren, lagen auf dem Boden herum, zwischen Milchpfützen, breitgeschmierten Joghurtflecken und zermatschten Essensresten! Oh nein, das durfte doch nicht wahr sein! Im Nebenraum lagen mit Unschuldsmienen, friedlich schlafend, Rosalie und Urmel, unsere Schweinemädchen, die prall gefüllten Bäuche dicht an unseren gemütlich warmen Kachelofen gedrückt.

Kleine Reste von verschmiertem Joghurt, vermischt mit anderen „Köstlichkeiten" klebte den Mädels noch an der Nase und am dicken Kinn.

Sie machten jedenfalls nicht den Eindruck eines schlechten Gewissens und schliefen seelenruhig den Schlaf der Gerechten.

Wieder einmal hatte mein Mann Robert die rettende Idee!

Kurz darauf waren wir die wahrscheinlich einzige Familie aus unserem Ort, welche einen Kühlschrank, der mit einem Schloss versehen war, ihr Eigen nennen konnte!

Noch viele Wochen später unternahmen Rosalie und Urmel mehrmals täglich Patrouillen zum Kühlschrank, in der Hoffnung, dass sich die Tür zum „Schlaraffenland" noch einmal öffnen lassen möge.

Immer wenn unsere Reitkinder auf unseren Hof kommen, stehen unsere Schweinchen am Zaun, schauen den Kindern sehnsüchtig entgegen und warten. Das sieht so aus, als ob sie sagen wollen: „Hallo Kinder, sucht uns aus, wir wollen so gerne was mit euch machen!".

Rosie und Urmel sind wirklich zwei fleißige Kolleginnen. Nie würden sie signalisieren, dass sie keine Lust haben, mit den Kindern zu arbeiten. Immer laufen sie mit freudig und erwartungsvoll aufgestellten Schweineschwänzchen mit uns auf den Reitplatz. Dort bauen wir einen kleinen Parcour auf und sie zeigen stolz, natürlich gerne für ein paar Leckerbissen, was sie so draufhaben. Immer arbeiten sie gerne mit – es sei denn – es regnet! Wenn sie etwas gar nicht leiden können, dann ist es kalter, nasser Regen auf ihrem Borstenkleid.

Es gibt noch eine zweite Ausnahme: Es riecht irgendwo nach leckerem Essen oder es wird gerade etwas Leckeres verteilt. Essen ist wirklich die allerliebste Lieblingsbeschäftigung von kleinen und großen Schweinchen! Wie ich mal gelesen habe: Ihr Lieblingsessen ist viel! Man sieht ja auch, wo es bleibt!

 # 26. Kinderstreiche

Von unserem Fohlen Raja gibt es auch andere lustige Begebenheiten zu erzählen: Eines Abends stand ich unter der Dusche, als sich ganz leise die Tür des Badezimmers öffnete. Durch die Milch-glaswand der Duschkabine sah ich nur einen Schatten. Ich hörte ein leises Schlürfen und musste, nachdem ich mich abgetrocknet hatte und einen Schluck aus der Teetasse nehmen wollte, feststellen, dass diese schon leer war!

Ein anderes Mal kamen wir ins Wohnzimmer und fanden unsere Raja dort, mit den Vorderhufen auf dem Sofa stehend und mit dem Kopf aus dem Fenster auf die Dorfstraße schauend, vor.
Sie, lieber Leser können sich vielleicht die verwunderten, bis bestürzten Blicke der vorbeigehenden Neinstedter Einwohner vorstellen!

Tagsüber hatten wir viele fleißige Helfer! Nicht nur meine Tochter Katrin, sondern auch unsere Reitkinder der Schule, an der ich als Heilpädagogische Reittherapeutin arbeite, hielten begeistert die Nuckelflasche, streichelten, knuddelten und massierten das Pferdekind. Sie halfen, das weiche Fohlenfell zu bürsten und die Strubbelmähne zu kämmen.

 ## 27. Vincents Körbchen

Auf einem Lehrgang lernte ich ihn kennen und verliebte mich in ihn.

Er sah aus wie ein Bär, groß und kuschelig und mir gefiel gleich die liebe Ausstrahlung, die von ihm ausging. Er war wohl früher ein Zwingerhund gewesen. Jede Gelegenheit nutzte er, um auszureißen. Gelang ihm dies, lief er in den nächsten Ort, zum Reiterhof und setzte sich vor das Haus, in dem die Mädchen wohnten. Irgendwann kam immer eines der Mädchen zu ihm raus, streichelte und knuddelte ihn. Das war mehr, als er von seinem Besitzer gewöhnt war und er liebte es.

Irgendwann brüllte der Besitzer entnervt: „Ich bringe ihn um!" Die Chefin des Pferdehofes brüllte zurück: „Das lassen sie sein, der Hund ist beschlagnahmt!"

Der Besitzer schimpfte noch eine Weile vor sich hin, aber er war wohl auch irgendwie froh, den Ausreißer los zu sein und so durfte Vincent bleiben. Er zog in einen Zwinger auf dem Pferdehof und es war schon besser. Zweimal am Tag durfte er zusammen mit netten Menschen und anderen Hunden eine große Runde über die Felder drehen und alle hatten ihn gerne.

Dann kam ich zur Weiterbildung und lernte ihn kennen. Ich erkundigte mich nach ihm und die Chefin des Hofes sagte: „Alles was sich dieser Hund wünscht, ist ein Hof, wo er sein kann und eine Familie, die ihn liebt".

Und dann kam der Satz, der mir die Tränen in die Augen trieb: „Wenn man diesen Hund mit einem Wort umschreiben würde, das wäre „Liebe"!

Da war es um mich geschehen. Diesen Hund musste ich haben! Er passt zu uns und wir passen zu ihm!

Abends beriefen wir per Telefon eine Familiensitzung ein, wie immer, wenn ein neues Tier zu uns zieht.

Dann war es beschlossen. Vincent durfte zu uns ziehen.

Ich fuhr nicht, wie geplant, mit dem Zug zurück, sondern meine Tochter und ihr damaliger Freund kamen mich mit dem Auto abholen. Die Beiden saßen vorne, ich mit dem Gepäck auf den Rücksitzen und der Kofferraum unseres Dusters war völlig ausgefüllt mit diesem Riesenhund.

Wir winkten nochmal und das Auto fuhr schon los, da hörten wir lautes Rufen: „Halt, halt, Ihr habt noch etwas vergessen … sein Körbchen!"

Wir schauten zurück und sahen zwei Mädchen mit einem Riesen-Hundekorb dastehen. Der war etwa so groß, wie der ganze Fahrgastraum des Autos. Also alle stiegen wieder aus und es wurde umsortiert:

Ich mit dem Hund auf die Rückbank – Korb in den Kofferraum? Fehlanzeige! Ich mit dem Korb auf die Rückbank – Hund in den Kofferraum? Mitnichten! Mutti, und wenn Du mit dem Korb in den Kofferraum...? Vergesst es!

Nach einer weiteren Stunde vergeblichen Herumprobierens von wegen Körbchen vielleicht doch quer, oder doch lieber längs, oder probiert nochmal hochkant..., beschlossen wir: „Der Hund kommt mit und der Korb bleibt da. Gleich morgen fahren wir nach Quedlinburg und kaufen ihm einen neuen! Und so machten wir das auch!

Wenn ich nicht gut einschlafen kann, koche ich mir einen Schlaftee. Nach kurzer Zeit fühlt man sich wohlig, schwer und müde – und schon ist man weg! Irgendetwas ist in dem Schlaftee drin, was Katzen sehr lecker finden. Ich denke, es ist der Baldrian! Jedenfalls ist es immer mal vorgekommen, dass morgens der Teebeutel neben der Tasse, statt in der Tasse lag. Anscheinend haben sich die Katzen nachts, während ich schlief, den Beutel heraus geangelt.

Eines Morgens klingelte der Wecker wieder einmal viel zu früh! Ich war doch gerade erst eingeschlafen! Schlaftrunken machte ich den Wecker aus, schwang meine Beine aus dem Bett, kriegte meine Augen noch gar nicht richtig auf – ach, da liegt ja der Teebeutel auf dem Läufer vorm Bett. Ich bücke mich, hebe ihn auf – aber was war das? Der fasst sich heute echt komisch an. Verwundert reiße ich meine Augen auf, um ihn richtig zu betrachten! Mein Schrei hat vermutlich das halbe Dorf geweckt, als mir klar wurde, was ich da in meiner Hand hielt! Es war – eine halbe Maus! Die hatte vermutlich eine der Katzen über Nacht als Geschenk vors Bett gelegt!

 # 29. Der Meisterdieb

Als wir uns angewöhnten, zur allabendlichen Kuschelstunde mit unseren drei Waschbären, immer ein paar Leckereien in unseren Jackentaschen zu verstecken, um den Bärchen damit eine Freude zu machen, haben wir mit keinem Gedanken daran gedacht, dass wir uns damit ein paar Meisterdiebe heranzüchten!

Jeder Besucher, der sich ins Waschbärengehege traut, wird einer ausführlichen Leibesvisitation unterzogen. Und wenn die Bärchen etwas Attraktives ergattert haben, denken sie nicht im Traum daran, es wieder her zu geben!
Aus gutem Grund haben wir uns deshalb angewöhnt, unseren Besuchern dringend anzuraten, ihre Taschen vollständig zu leeren, bevor sie das Bärengehege betreten.
Eines Tages wünschten sich drei Jungen aus der damaligen 5. Klasse unserer Schule, mit mir die Waschbären zu besuchen. Sie leerten ihre Jacken- und Hosentaschen auf dem Hoftisch aus, verstauten ein paar Nüsse darin. Wir betraten das Gehege.

Die Bärchen kamen erfreut über den Besuch an, fummelten in den Jackentaschen der Jungen nach den Nüssen und ließen sich streicheln! Plötzlich rief einer der Jungen: „Hildegard! Der Bär hat meine Zahnspange!"
„Was?" rief ich! „Hattest Du die in der Jackentasche?"
„Nein" meinte er, „im Mund!"!

Ich bekam einen Riesenschreck! Wenn ich die bezahlen muss! So schnell ich nur konnte, kletterte ich die Leiter hoch und griff in die Schlafhöhle der Bären. Da saß der Übeltäter in der letzten Ecke und machte sich schon an der Zahnspange zu schaffen!

Zum Glück hatte ich noch ein paar Eicheln in der Tasche, die der Bär großzügiger Weise gegen die noch unversehrte Zahnspange eintauschte!

 # 30. Schweine- Damen

Unsere Minischwein-Damen lieben es, schön zu duften. Das merkt man daran, dass sie sich an allem reiben, was anscheinend für sie interessant und verlockend riecht. Wenn ich im Garten die Bänke neu streiche, dauert es nicht lange und Urmel kommt und reibt sich intensiv und möglichst von allen Seiten an der Bank, was man daran erkennen kann, dass die Urmel einige Tage lang so aussieht, wie die Bank eigentlich aussehen sollte und die Bank an einigen Stellen wieder so aussieht wie vorher!

Urmel liebt aber auch Düfte für Damen. Wenn ich dusche, reibe ich mich anschließend mit einer Bodylotion ein. Sobald sie das roch, kam sie zu mir und rieb sich intensiv an meinen Beinen.

So kamen wir auf die Idee, unseren Schweine- Damen ab und an mal eine Freude zu machen. Da sie Bürsten-massagen über alles lieben und sich dabei sofort auf die Seite fallen lassen, um die Massage so richtig genießen zu können, machten wir manchmal etwas Babyöl oder Bodylotion auf die Bürsten und massierten diese in die Schweinehaut ein. Übrigens sah die Haut der Schweine wirklich gut gepflegt und wunderschön glänzend aus!

Paul, eines unserer Reitkinder, half uns eines Tages dabei und war mit Begeisterung und Feuereifer bei der Sache. Und dann kam der Satz, den ich nie wieder vergessen werde und über welchen wir noch heute, Jahre danach, lachen müssen:

„Das Schwein riecht wie meine Mutter, wenn sie aus der Badewanne kommt!"

 31. Leider zu schwer

Meine Freundin erzählte mir eine lustige Geschichte, die mit ihren Tieren passiert ist und welche ich hier unbedingt erzählen möchte:

Sie handelt von einem dicken Kater, der großen Appetit auf Fische hatte. Im Flur stand ein großes Aquarium mit vielen kleinen Fischen. Mit großen Augen saß der Kater immer auf dem Schränkchen, auf dem das Aquarium stand und beobachtete das bunte Treiben darin.

Eines Tages kam der Schlingel auf die schlaue Idee auf die Glasplatte zu klettern, die das Aquarium abdeckte. Auf jeden Fall war er von dort den Fischen noch ein bisschen näher - und wer weiß, vielleicht kann man ja auch mal so einen kleinen Leckerbissen angeln? Anscheinend dachte die Glasplatte: „Na dem ist zu helfen!"

Jedenfalls gab es einen lauten Knall. Als meine Freundin um die Ecke geflitzt kam, konnte sie gerade noch beobachten, wie der pitschenasse Kater versuchte aus dem Aquarium zu klettern und sich, etwas schneller als sonst, aus dem Staub machte. Pech, dass auf seinem Weg nun leider gerade noch der gute, teure Teppich von der Oma lag, der nun wenigstens mal ordentlich gewässert wurde!

Wenn ein neues Tier in unsere Familie kommt, darf es eigentlich seinen Namen behalten. Die Ausnahme ist, wenn es einen sehr unschönen Namen hat. Wir finden, Tiernamen, wie zum Beispiel Hexe, Dussel, Bello o.a. sind ungünstig für das Tier, weil sie etwas Negatives, Dummes, oder eine unerwünschte Eigenschaft implizieren. In solch einem Fall nennen wir das Tier um. Auch den Tieren, die wir mit Flasche aufgezogen haben, geben wir einen Namen. Wir lassen uns damit Zeit, weil wir das Tier erst kennenlernen wollen. Mit solch einem Namen läuft man ja sein Leben lang herum und so ist es ja schön, wenn er auch zu dem Lebewesen passt, für welches er gewählt wird.

So manches Mal haben wir schon Vornamenbücher gewälzt, um besonders wohlklingende, gut zu dem künftigen Träger passende Namen zu finden. Es sei denn – mein Mann Robert war schneller, als meine Tochter Katrin und ich!
Robert ist, wenn es um das Finden von Tiernamen geht, sehr kreativ und zu unserem Leidwesen haben sich manche dieser unmöglichen, aber lustigen Namen an seinem Träger schon festgesetzt, ehe wir einen anderen, „schönen" Namen verleihen konnten. So wurde aus einem kleinen Kater, welcher in der Zeit bei uns kastriert wurde – Eiermann!
Aus einem anderen kleinen Kater, der seiner Mutti Ixi sehr ähnlich sah, wurde Mr X. Aus einem anderen kleinen Kater, der schon ganz jung zu einer Nabelbruch-Op musste, wurde – Beule, (weil er ja bis zur Op mit einer Beule am Bauch herumlaufen musste).

Aus einem kleinen Boxerbaby, welches wir mit Flasche aufgezogen haben, wurde – Günthi, (nach seinem zukünftigen Besitzer, Günther).

 ## 33. Günthi

Günthi war ein kleiner Boxerwelpe, den wir gemeinsam mit seinen Geschwistern, mit der Nuckelflasche aufgezogen haben. die Mutter der Kleinen war gestorben, als sie erst wenige Tage alt waren und so kamen sie zu uns. Während die Kleinen bei uns waren, schaute sich der Besitzer der gestorbenen Hündin nach neuen, lieben „Herrchen und Frauchen" für die Kleinen um, zu denen sie ziehen konnten, wenn sie groß genug waren.

Günthi bekam seinen Namen, nachdem mein Mann hörte, dass der neue Besitzer Günther hieß. Ab und zu kamen die neuen Besitzer zu Besuch, verfolgten die kleinen Fortschritte ihrer zukünftigen Schützlinge und machten sich mit ihnen bekannt und vertraut.

Als die Frau des neuen Besitzers hörte, wie wir den Kleinen nannten, lachte sie plötzlich laut los und rief: „Nein, was für ein Zufall! Mein Mann heißt auch Günther!" Wir konnten uns das Lachen kaum verkneifen.

Von Günthi ist uns noch eine andere Geschichte im Gedächtnis geblieben: Günthi war ein Schatz von einem Hund! Er war sehr lieb, anhänglich, ach er war einfach knuffig! Nur eins war er leider nicht – er war nicht sehr schlau!

Eines Tages zur Abendfütterung stellten wir den vier kleinen Boxerwelpen ihre vier gefüllten Futterschüsselchen hin. Sofort war ein eifriges Schlabbern und Schmatzen zu hören. Doch was war das? Einer schmatzte nicht, er winselte leise vor sich hin. Alle hatten solch eine lecker duftende Schüssel vor sich stehen, nur er nicht! Wo war denn nur sein Essen? Es war weit und breit nicht zu sehen! Verwundert suchten wir nach seiner Schüssel, wir waren uns ganz sicher, es mit hingestellt zu haben. Als wir sahen, wo sein Futter stand, lachten wir schallend!

Er konnte es gar nicht finden! Warum nicht? Weil er mit seinem kleinen dicken Po mitten in seiner gefüllten Schüssel saß!

Eines Sonnabends saß ich mit einem Buch in unserem Wohnzimmer auf der Liege. Mit dem Rücken lehnte ich mich an den gemütlich warmen Kachelofen. Links und rechts neben mir lagen unsere Ferkel Urmel und Rosalie. Sie hatten sich eng an mich gekuschelt und wir hatten es alle drei warm und gemütlich.

Ich war schon ein bisschen aufgeregt, denn ich erwartete meine Tochter, die zum ersten Mal ihren neuen Freund mit nach Hause bringen und ihn uns vorstellen wollte. Da – ich hörte die Hoftür. Jetzt sind sie da und gleich würde ich ihn kennenlernen – den Jungen, in den meine Tochter schon einige Zeit sehr verliebt war.

Ich hörte sie die Wohnung betreten. Gleich darauf schauten beide um die Ecke. Meine Tochter zeigte auf mich und die beiden Schweinchen und sagte stolz: „Und das – sind meine Schweine!"

Mühsam rappelte ich mich hoch, gab ihm die Hand und sagte lachend: „Also, ich bin eigentlich die Mutti".

Mit unseren Nachbarn verstehen wir uns ganz gut. Mit Peter, der im Haus gegenüber wohnt, halten wir auf der Straße immer mal ein kleines Schwätzchen.

Eines Tages kam er zu uns auf den Hof, brachte uns ein paar Zucchinis aus seinem Garten und fragte: „Sag mal, Ihr habt doch mal erzählt, Ihr habt Schweine? Ja, wo sind die denn?" Stolz führte ich ihn in unsere Wohnung. Mit gerunzelter Stirn und ungläubigem Blick folgte er mir.

Als wir in unsere gemütliche Stube kamen und sein Blick durch den Raum schweifte, ehe er an den gemütlich schlummernden Schweinen vor unserem Kachelofen hängen blieb, sagte er erst einmal gar nichts. Als er seine Fassung wieder gefunden hatte, sagte er den Satz, welchen wir heute, einige Jahre später, immer mal wieder lachend zitieren:

„Früher war hier mal die Wohnstube...!"

Tja, lieber Peter! Heute ist hier immer noch die Stube – nur wir leben hier halt ein bisschen anders als die meisten Leute. Aber - wir lieben es!

 # 36. Ein dreister Dieb

Die Familie meiner Freundin saß am Frühstückstisch, als sich leise die Tür öffnete und ihr dicker Kater herein spaziert kam. Eine Weile lang saß er unter dem Tisch und putzte sein seidig glänzendes Fell. Dann sprang er auf den Schoß des Vaters. Von dort aus reckte er den Hals und betrachtete ausgiebig, aber scheinbar unbeteiligt das Geschehen. Ins Gespräch mit der Familie vertieft, schmierte der Vater Butter auf sein Brötchen, legte eine schöne dicke Wurstscheibe darauf und biss genüsslich hinein. - Keiner beachtete den Kater, der ganz still saß... .- Gerade war eine Diskussion mit den Kindern im Gange. Es ging darum, wer denn diese Woche dran ist, mit dem Füttern der Katzen. Wieder biss der

Vater in sein Brötchen – doch plötzlich stockte er und betrachtete verwundert sein Butterbrötchen. Hatte er nicht eben gerade eine Scheibe Wurst auf sein Brötchen gelegt? Ja, wo war die eigentlich? Und, wo war eigentlich der Kater?

 # 37. Der Nestbautag

Mit Schweinen zusammen in der Wohnung leben ist eigentlich eine gemütliche, saubere Angelegenheit. Schweine würden niemals „ihre Wohnung" beschmutzen. Wenn sie die Möglichkeit haben, nach Bedarf raus zu gehen, werden sie ihr Geschäft immer draußen, an bestimmten Plätzen erledigen. Sie haben keinen Eigengeruch und lieben es gemütlich, sauber und warm.

Ihr Lieblingsplatz in unserer Wohnung war eine Matratze vorm Kachelofen. Regelmäßig entbrannte zwischen den beiden Mädels ein Streit, wer seinen dicken Bauch beim Schlafen direkt an den Ofen gekuschelt parken durfte und wer mit dem Platz daneben vorliebnehmen musste.

Fast einen ganzen Monat lang ist das Zusammenleben zwischen Mensch und Schwein friedlich, freundlich und kuschelig. Aber dann ... kam der Nestbautag!

Emsig wurde an diesem Tag alles zusammengetragen, was in so einem gemütlichen Schweinenest alles so benötigt wird: Decken, Kissen, Handtücher, Klamotten, leider auch ab und zu Heu von draußen!

Mit viel Mühe putzten wir alles wieder sauber, nähten die beschädigten Sachen wieder zusammen oder überließen sie gleich den „Damen" zur Auspolsterung ihrer Schlafhöhle und – engten den Bereich der Beiden im Laufe der Zeit immer ein bisschen mehr ein!

Nachdem sie das zweite Federbett zerrissen hatten, war das Schlafzimmer tabu, ... nachdem sie einige Male den Kühlschrank geöffnet und ausgeräumt hatten, „verzierte" ein niedriger Trennzaun unsere Küche.

Doch eines Tages, als wir unterwegs waren und wieder zu Hause ankamen, dachten wir, uns trifft der Schlag:

Die Schlafstätte unserer Schweinemädels war nicht nur um einige gute Sofakissen und – decken reicher. Nein, inzwischen hatten sie auch für Beleuchtung und etwas Unterhaltung in ihrer Höhle gesorgt!

Sie dachten anscheinend, dass so ein paar Kabel erst ihr Bett so richtig kuschelig und gemütlich machen würden! Mit etwas Suchen waren sie fündig geworden und hatten die Kabelei auch gleich mit in ihre Höhle geschleppt, dass an den Kabelenden noch die Stehlampe und der Fernseher hing, hat sie nicht weiter gestört!

Sie sehen also, liebe Leser: Entgegen der Meinung einiger tapferer Schweinefreunde: Schweine sind keine Wohnungstiere! Sie lieben es zu wühlen, zu scharren und sich kuschelige Nester zu bauen, ehe sie sich zum Schlafen niederlassen. Auch ein lautes „Nein!" wird sie in den seltensten Fällen davon abhalten.

# 38. Aus Fehlern lernt man ... Teil 1

Vor vielen Jahren hatte ich einen großen, sehr kräftigen Jungen beim Reiten. Er hieß Paul und er aß sehr gerne.
Sein Lieblingspferd war unser Haflinger-Wallach Henry.
Eines Tages fand er mitten in der Reitstunde einen Apfel am Rand des Reitplatzes. Er hob ihn auf und wollte ihn Henry geben. Ich sah das und sagte: „Nein Paul, jetzt bekommt Henry den Apfel noch nicht. Wir machen erst unsere Führübung fertig und wenn die Stunde zu Ende ist, dann darfst Du Henry den Apfel zur Belohnung schenken."

Doch als ich den Beiden kurz mal den Rücken drehte, konnte Paul der Versuchung nicht widerstehen und steckte seinem Lieblingspferd schnell den Apfel in das Maul. Henry kaute genüsslich und gierig auf dem Apfel herum. Doch er verschluckte sich und musste husten. Dicht vor ihm aber stand Paul in einem weißen T-Shirt. Ich wollte gerade anfangen zu schimpfen. Doch als ich sah, was passierte, konnte ich mir das Lachen nicht verkneifen!

Beim Husten kam nämlich der Apfel in vielen kleinen Einzelteilen wieder heraus und „verzierte" nun grün und saftig das schöne weiße T-Shirt. – Ich habe darauf verzichtet, zu schimpfen, aber ein wenig schadenfroh kam mir der Gedanke: „Tja, manchmal folgt die Strafe auf dem Fuß!"

 ### 39. Aus Fehlern lernt man ... Teil 2

Die Reitstunde der zwei achtjährigen Jungen war vorbei. Wir entließen die Pferde auf die Koppel, nachdem wir beschlossen hatten, die Pferde auf der Koppel während des Grasens zu putzen und ihre Hufe zu kontrollieren. Die Jungen flitzten in den Bauwagen, brachten ihre Reithelme weg und tauchten mit einem Fußball wieder auf. Ich rief: „Kommt schnell, wir wollten doch zuerst die Daisy noch einmal über putzen! Ihr könnt hinterher noch ein bisschen spielen!"

Maulend schossen die Beiden ihren Ball nochmal hin und her. Ich wollte sie gerade etwas strenger „erinnern", als ich sah, dass das Pony Anstalten machte, sich auf die schlammige Wiese zu legen. Daisy hat nämlich die Angewohnheit, sich nach dem Reiten zu wälzen, sobald sie den Sattel wieder abgenommen bekommt und auf die Koppel entlassen wird.

Fassungslos sahen die Jungen zu, wie das ehemals weiße Pony genüsslich durch den Matsch rollte und rabenschwarz und mit nasser Erde verklebt wieder auf die Beine kam. Jegliches Schimpfen erübrigte sich. Manchmal sorgt das Schicksal schon für ausgleichende Gerechtigkeit!

Wortlos schnappten sich die Beiden ihr Putzzeug und gemeinsam bürsteten wir mühevoll das Pony wieder sauber. Tja, manchmal folgt die Strafe eben auf dem Fuß... .

# 40. Schlauer Butch

Diese Geschichte hat mir meine liebe Nichte Doreen erzählt. Ihre Familie hat unlängst einen Hundewelpen adoptiert. Sie haben ihn Butch genannt. Doch lassen wir Doreen selbst zu Wort kommen:

„Der kleine Butch war gerade erst zwei Tage bei uns, als Noah mit ihm in den Garten auf die Wiese ging, um mit ihm zu spielen. Sie nahmen Butch`s Püppi, (eine Schlenker-puppe), mit. Da Butch erst neun Wochen alt war und damals noch ziemlich kurze Beine hatte, musste man sich beim Spielen richtig tief zu ihm runter beugen.

Noah hatte seinen Schlüssel in der Hosentasche, welcher beim Spielen und Herumtollen störte. Flink nahm er ihn aus der Tasche und legte ihn auf die Gartenbank. Nun stand dem wilden Spiel nichts mehr im Wege. Stunden später saß die Familie auf der Terrasse in der Abendsonne und aß Abendbrot. Währenddessen stromerte Butch allein durch den Garten.

Butch

Plötzlich ertönte ein Geräusch. Es klang wie ein Schlüsselklimpern. Was war das? Wo kam es her? Es kam immer näher. Wir schauten verwundert von unseren Tellern auf und sahen fassungslos, wie der kleine Butch mit Noahs Schlüssel in der Schnute auf uns zu stolperte, um uns den Schlüssel zu bringen.

Da war das Erstaunen und die Freude riesengroß und wir brachen in lautes Jubeln aus!

 ## 41. Die Vina ist weg!

Die folgende Geschichte bekam ich von meiner Nichte Susi erzählt:

Unsere Oma war die Allerbeste. Und vor allen Dingen war sie eine supertolle Hausfrau. Wenn sie die gewaschene Wäsche von der Leine nahm, wurde diese erst einmal ordentlich zusammengelegt. Dann wurde sie auseinandergefaltet, gesprengt, wieder zusammengelegt. Danach wurde sie wieder auseinandergefaltet und gebügelt. Nach dem Bügeln wurde sie besonders akkurat zusammengelegt: Ecke auf Ecke und Kante auf Kante. Dann wurde sie sorgfältig, sehr ordentlich im Kleiderschrank übereinandergestapelt.

Als wir Kinder waren, wünschten wir uns sehnlichst einen Hund. Irgendwann hielten unsere Eltern unserem Drängeln nicht mehr stand und unser Traum erfüllte sich! Unser neues Familienmitglied war ein kleines Shih Tzu – Mädchen. Sie trug den stolzen Namen Tschervina von Lapka-Schedi!

Sie war superlieb und sehr lustig. Aber sie hatte eine Eigenart:

Sie verabscheute Regenwetter! Durch Pfützen laufen, ihr Fell nass regnen lassen, von vorbeifahrenden Autos nass gespritzt zu werden – all das mochte Vina überhaupt nicht. Und so kam es, dass, wenn Regenwetter war, sich die ganze Familie auf die Suche begeben musste, denn ein Hund muss ja nun mal an die frische Luft, um sein Geschäft zu erledigen. Am Anfang hockte Vina bei Regenwetter oft unterm Sofa und musste mühsam hervor geangelt werden, später wurden die Verstecke erfindungsreicher. Eines Tages, es regnete draußen, war die Familie wieder einmal auf der Suche. Egal, wo sie schauten: unterm Bett, unterm Sofa, hinterm Ofen – Vina schien wie vom Erdboden verschluckt. Nach langer Zeit, alle waren schon ziemlich entnervt, hörte Susi, gerade als sie an Omas Kleiderschrank vorbeikam, ein leises Kratzen. Verwundert riss sie die Tür auf – und auf einem Stapel reiner, frisch duftender und sorgfältig gestapelter weißer Blusen von Oma, lag gemütlich zusammen gerollt mit einem Auge ins helle Licht blinzelnd, Vina!

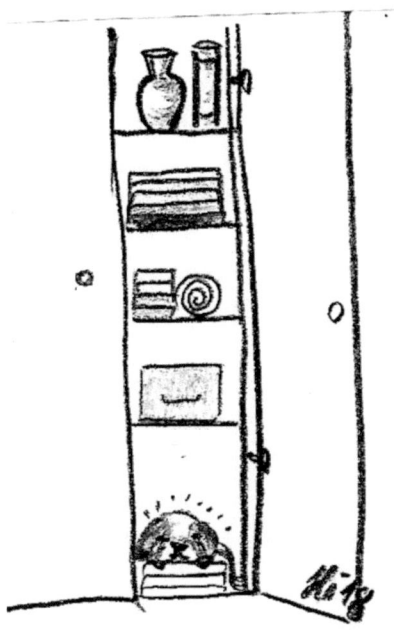

**42. Das Osterfrühstück**

Es war an einem regnerischen Ostersonntag. Unsere Schweinemädels Urmel und Rosie durften noch mit in die Wohnung, obwohl sie eigentlich schon größer geworden waren, als wir jemals gedacht hatten. Wir hatten die Kinder und die Enkel eingeladen und feierten alle zusammen. In der Küche war eine lange Tafel sorgsam und liebevoll eingedeckt. Die Familie saß beisammen, ließ es sich schmecken. Es wurde erzählt und gelacht. Die Küchentür ging auf und die beiden Schweine kamen aus dem Garten herein.

Mein Mann Robert meinte sicher, dass die beiden auch an dem leckeren Mahl teilhaben sollten. Er saß ganz am Ende der Tafel und fing an, die Schweine zu rufen und zu locken. Hätte er das nur bleiben lassen! In freudiger Erwartung der köstlichen Leckerbissen gab es für die Schweine kein Halten mehr! Im Laufschritt eilten sie in Roberts Richtung – ohne Rücksicht auf Verluste! Tische und Stühle wurden laut quietschend verschoben, die Tischdecke, die gleichzeitig über zwei Tische gespannt war, hing gefährlich durch, Gläser klirrten, Teller klapperten, Besteck fiel polternd zu Boden! Wer daran dachte, hob geistesgegenwärtig seine Tasse, oder sein Glas in die Höhe! Die Teekanne und die Wasserflaschen kamen bedenklich ins Wanken! Die Stimmung am Tisch schwankte zwischen Lachen und Erschrecken! Glücklicherweise überwog im Nachhinein das Lachen.

Aus unerfindlichen Gründen bestand mein Sohn und seine Familie darauf, dass in den Folgejahren das Osterfrühstück bei ihnen stattfand! Komisch!

# 43. Flocke

Unser Tierarzt war zu Besuch. Wir hatten uns angefreundet und setzten uns nach der Behandlung unserer Pferde noch gemeinsam in den Garten zum Kaffeetrinken. Jens, unser Tierarzt, hatte ein winziges weißes Hundekind dabei.

Es sah so weiß und rund aus, wie eine Schneeflocke und trug den passenden Namen Flocke. Anscheinend hatte die kleine Flocke noch nie in einen Spiegel geschaut, denn sie schien sich selbst riesengroß zu fühlen. Sie saß auf der Gartenbank zwischen uns und kläffte nahezu ununterbrochen unsere riesige Neufundländerin Schessy an, die vor der Bank saß und neugierig das Geschehen beobachtete. Vergebens versuchte jeder von uns einmal, das bellende Hundekind zu beruhigen. So ein Lärm! Eine Unterhaltung schien fast unmöglich! - Was wir alle nicht geschafft haben, schaffte Schessy in ganz kurzer Zeit. Sie stellte sich vor den Platz, auf dem die kleine Flocke saß, schaute sie an – und ließ einen einzigen lauten Beller los. Die kleine Flocke kippte vor Schreck rücklings von der Bank und fand sich vor der riesengroßen Schessy wieder. Auf einmal herrschte Ruhe! Flocke fand ein ruhiges Plätzchen unter der Bank, auf den Füßen ihres Herrchens und die Unterhaltung konnte nun endlich beginnen!

# Danksagungen

Ein liebevolles Dankeschön an meinen Mann Robert, der mir für dieses, wie schon für so viele Projekte den Rücken freigehalten hat. Zum Beispiel nimmt er sich täglich, sogar nach dem Spätdienst, die Zeit, mit unseren drei süßen Waschbären zu kuscheln, um die gute Beziehung zu erhalten. In dieser Zeit sitze ich ganz oft am warmen Ofen und habe eine liebgewonnene Stunde Zeit zum Schreiben.

Ein riesengroßes, genauso liebevolles Dankeschön meinem vielbeschäftigten Sohn Carsten. Er opferte viele Stunden seiner überaus kostbaren Zeit, um dieses Büchlein fertig zu stellen, so dass es gedruckt werden konnte.

Meiner tollen Tochter Katrin ein Dankeschön für das Lektorieren dieses Büchleins noch neben ihrer Hausarbeit! Ich drücke dich!

Meiner lieben Tante Ulla Trunk eine gedankliche liebevolle Umarmung, dafür, dass sie immer ein offenes Ohr für mich hat und bei meinen Projekten immer ermutigend und unterstützend hinter mir steht.

Von Herzen danke ich auch all denen, die unsere Art, Tiere zu sehen und mit ihnen umzugehen, verstehen und mitgeprägt haben und denen ich mich nach wie vor in inniger Freundschaft verbunden fühle:

- unserem Lieblingstierarzt Jens Siebert, der immer mit Rat und Tat und seiner großen Tierliebe hinter uns steht
- Kirsten Bruchhäuser vom Reiterhof „Maruschka", auf dem ich meine tolle Ausbildung zur Heilpädagogischen Reittherapeutin absolviert habe und ganz viel über pädagogische und therapeutische Mensch- und Tierbegegnung und auch über mich selbst gelernt habe
- meiner lieben, langjährigen Freundin Katrin Ketzel, die alles tut, dass es ihren Tieren gut geht. Uns verbinden wunderschöne, abenteuerliche und lustige Erlebnisse mit unseren Kindern und Tieren, unter anderem auch viele gemeinsame Wanderritte
- meiner lieben Freundin Indra Sandin, welche ich über die Waschbärrettung kennen lernte und die während unzähliger anregender Gespräche während unserer leckeren Kaffetrink-Treffen eine Seelenverwandte für mich wurde
- und zuletzt unseren vielen tollen Tieren, die mit uns leben, mich bei meiner Arbeit unterstützen und unseren Alltag zwar arbeitsreich (und geldarm), aber auch mit ihrer bedingungslosen Liebe noch glücklicher machen, als er ohnehin schon ist, ein liebevolles und wehmütiges Dankeschön auch an die Tiere, die leider nicht mehr leben uns aber mit ihrer Liebe ein Stück weit begleitet und bereichert haben ...

# Zur Autorin

Als ich ein kleines Mädchen war, hatte ich einen Traum: wenn ich groß bin, werde ich in einem Haus mit einem großen Garten drumherum leben. Mit mir werden viele Tiere dort leben. Und auf jeden Fall werden Pferde dabei sein...! Ich wäre das glücklichste kleine Mädchen der Welt gewesen, wenn ich damals gewusst hätte, dass dieser Traum wirklich einmal wahr werden wird. Was ich damals noch nicht wusste: Die Tiere werden sowohl Familienmitglieder, als auch Lehrmeister und Arbeitskollegen für mich sein, in einer Arbeit, für die ich brenne und die mich begeistert.

Tiere habe ich schon immer geliebt, aber indem ich mit ihnen lebe und arbeite, erkenne ich erst den unschätzbaren Wert, den sie für uns Menschen haben. In ihnen steckt so viel mehr, als wir Menschen in ihnen oft sehen und mich rührt ihr bedingungsloses Vertrauen in uns, dessen wir uns oft so wenig würdig erweisen. Mich rührt auch ihre große Liebe, mit der sie uns umgeben und begleiten. Ich bewundere ihre Sensibilität, mit der sie in unsere Herzen sehen, uns so erkennen und annehmen, wie wir sind, mit all unseren Handicaps, Eigenarten und Befindlichkeiten. – Ich kann nicht anders, als sie mit Liebe und Achtung zu sehen und zu behandeln und ich wünsche mir so sehr, dass auch andere Menschen, die mit ihnen zu tun haben, sie so sehen können, wie ich es gelernt habe, denn das haben sie verdient...!

Eure Hildegard Kiehne

Hildegard Kiehne, geboren 1963 in Quedlinburg, verheiratet, drei erwachsene Kinder - arbeitet seit 2001 als heilpädagogische Reittherapeutin an einer Freien Schule im Harz.

Auszug ihrer Aus- & Weiterbildungen:

- ➢ Staatlich anerkannte Erzieherin
- ➢ Zertifikate für heilpädagogische Reittherapie & pädagogische- & therapeutische Mensch- & Tierbegegnung
- ➢ Schulmediatorin
- ➢ besuchte Lehrgänge im Bereich Centered-Riding (A. Engberg), Pferdeträume (A. Schör-le), Klassisches Freizeitreiten (N. Penquitt), Pferdeausbildung – Pferde-verhalten & Pflege (L. & M. Simon), Feldenkrais & Alexandertechnik, Reiten - T-Touch & Bodenarbeit (nach L. Tellington Jones)
- ➢ Tierkommunikation & Reiki mit Tieren
- ➢ In Ausbildung zur Psychologischen Beraterin und zum Personal-Coach, mit Zusatz Burnoutprävention
- ➢ geplant für 2019: Ausbildung zum Tierpsychologen

„EIN PFERD AUF DEM FLUR"

(HILDEGARD KIEHNE)

- 60 SEITEN
- 1. AUFL. 2017
- 11,50- €

„SCHATZKISTE REITEN, FÜHREN, VOLTIGIEREN"

(HILDEGARD KIEHNE)

- 145 SEITEN
- 1. AUFL. 2018
- 19,90- €
- ISBN: 978-3497027927

# Leseprobe

Während ich das Buch „Lustige Tier-
geschichten" schrieb, brachte mein lieber Mann
Robert den sehr richtigen Einwand hervor: „Eigentlich
gehören doch auch die nachdenklichen und auch die
berührenden Geschichten in ein Buch". Recht hat er.

Und so ist gegenwärtig ein Buch im Entstehen,
welches auch die anderen Geschichten beschreibt,
die wir mit unseren und auch mit anderen Tieren
erlebt haben. Sie sind teilweise nachdenklich,
berührend und – ja - natürlich haben wir auch traurige

Geschichten zu erzählen. Gerade jetzt zum Beispiel,
sitzt neben mir, auf einer Decke, Gertie, so ein
trauriges, krankes Hühnchen, welches schon einige
Tage kaum gefressen hat und bei der wir zur Zeit um
jedes Körnchen und jedes Wassertröpfchen, das sie
zu sich nimmt, kämpfen müssen.

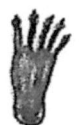

Wir finden, auch diese Geschichten sollen erzählt
werden, denn gerade aus ihnen haben wir viel von
unseren Tieren gelernt und sie haben viel zu dem
Verständnis, welches wir von Tieren haben,
beigetragen.

Hier sind zum Hineinlesen schon mal zwei dieser
Geschichten aus dem Buch „Nachdenkliches &
Berührendes aus dem Tierhaus":

- Der Katzenhasser
- Auslachen ist verboten

# Der Katzenhasser ...

Es war Regenwetter und wir saßen mit drei Jungen aus der neunten Klasse um unseren Küchentisch herum und arbeiteten an einer Theorieaufgabe. Eine unserer Katzen kam durch die Katzenklappe in den Raum hinein. Einer der Jungen sah auf den schwarz-weißen Kater herab und zischte dann leise: „Ich hasse Katzen!" Innerlich war ich entsetzt, als ich das hörte, mir fehlten die Worte für eine „pädagogisch wertvolle Reaktion". Ich beschloss, diese leise Äußerung erst einmal zu überhören und mir in Ruhe zu überlegen, auf welche Art und Weise ich diesen Jungen an das Thema Katze heranführen könnte. Ich ließ die Jungen weiter an ihrer Aufgabe arbeiten.

Zu diesem Zeitpunkt ahnte ich noch nicht, dass dieser kompetente Kater in der Lage sein könnte, das Problem auf seine Weise zu lösen:

Da unsere Katzen sich auf die Kinder, die zu uns kommen, freuen und sowieso alle so richtige Schmusekatzen sind, kam der Kater freudig näher und sprang auf den Küchentisch, an dem wir alle saßen.

Er drehte eine Runde und suchte sich dabei schon mal den Schoß aus, auf dem er sich gleich wohlig schnurrend zusammenrollen wird. Wen suchte er sich aus? Den Katzenhasser!

Mit zwiespältigen Gefühlen beobachtete ich die Situation. Einerseits musste ich insgeheim kichern, irgendwie war diese Situation ja auch komisch.

Andererseits wuchs mein Unbehagen, als ich beobachtete, dass der Junge überlegte, wie er jetzt reagieren sollte! Da fiel mir zum Glück die „rettende Intervention" ein. „Das ist ja ein Ding!", rief ich! „Von allen Leuten, die hier rund um den Tisch sitzen, hat sich der Kater DICH ausgesucht! Das ist ja richtig cool!" Stille, keine Reaktion von Seiten des Jungen, er saß ganz ruhig, beinahe steif da, duldete aber die Katze auf seinem Schoß. Diese lag ganz entspannt da, man hörte ein zufriedenes Schnurren, der Schwanz bewegte sich träge hin und her. Wir setzten unsere Arbeit an der Aufgabe fort. Als ich wieder hochschaute, bemerkte ich, dass die Hände des Jungen auf der Katze liegen und er sie ganz sachte streichelt!

# Auslachen verboten

Vor vielen Jahren kamen wir irgendwann einmal auf die Idee, mit den Kindern die Pferde anzumalen. Dabei fiel uns auf, dass sehr ängstliche Kinder schneller Mut fassten, das Pferd zu berühren, wenn sie einfach etwas auf sein Fell malen. Dann richten sie ihre Aufmerksamkeit mehr auf die Tätigkeit des Malens und weniger auf die vermeintliche Gefahr, die vom Pferd ausgeht.

So malten wir eines Tages mit einigen Kindern unseren Haflingerwallach Henry an. Einer von uns kam auf die Idee, Henrys Gesicht zu schminken. Er bemalte ihn mit blauer Wasserfarbe Lidschatten und mit roter Farbe Lippenstift auf. Henry ließ diese Prozedur scheinbar ungerührt über sich ergehen. Es sah ziemlich komisch aus. Alle, die in der Nähe waren, standen um ihn herum, zeigten mit dem Finger auf ihn und lachten.

Da passierte etwas, dass mich nachhaltig erschütterte und was ich nie vergessen werde: Henry senkte seinen Kopf, seine Ohren hingen zur Seite, er schaute uns nicht mehr an und sah bloß noch völlig geknickt und traurig aus.

Ich habe in den vielen Jahren, in denen ich mit verschiedenen Tieren lebe und arbeite, schon so oft das sichere Gefühl gehabt, dass Tiere so wie wir, die ganze Bandbreite von Gefühlen haben.

Genau wie wir empfinden sie Liebe und Freundschaft, Kummer, (z. Bsp. wenn sie von einem liebgewonnenen Freund getrennt werden), Stolz, (wenn man sie z. Bsp. für eine gute Leistung lobt), Eifersucht und Neid, (wenn sie z. Bsp. das Gefühl haben, ein anderes Tier wird bevorzugt), Demütigung, (wenn sie ausgelacht, lächerlich gemacht oder verspottet werden). Das ist nur ein kleiner Auszug, nur wenige Beispiele.

An diesem Tag ist bei uns im Umgang mit den Tieren eine neue Regel entstanden:

*Es ist in Ordnung, ein Tier anzulachen,*
*aber wir lachen niemals ein Tier aus.*

# Urlaub im Tierhaus

Es besteht auch die Möglichkeit, im Tierhaus Urlaub zu machen. Wir bieten ein gemütliches Ferienzimmer mit einer gemütlichen Schlafnische im Fachwerk, einer Pantryküche, einem Bad und separatem Eingang. Das Zimmer bietet Platz für 2-3 Personen.

Wir haben einen großen Garten mit gemütlichen Rückzugsorten, Tieren zum Streicheln, einem Platz zum Ball-, Federball- und Bocciaspielen, einem Trampolin und einer Schaukel.

Unser Tierhaus ist eine Begegnungsstätte für Mensch und Tier. Bei uns wohnen derzeit 5 Pferde, 2 Mini-Hängebauchschweine, 3 Waschbären, 1 Hund, 2 Katzen, 2 Hühner und 2 Laufenten, die man beobachten und auch streicheln kann. Unsere Tiere sind durch ihre Arbeit mit den Kindern sehr menschenbezogen und freundlich.

Von unserem Standort aus könnt Ihr viele Ausflüge in die Natur (Teufelsmauer, Lauenburg, Bodetal mit Hexentanzplatz & Rosstrappe) unternehmen. Auch interessante kulturelle Ziele, wie die Welterbestadt Quedlinburg oder die romanische Stiftskirche Gernrode, liegen ganz in unserer Nähe und sind zu Fuß erreichbar.

Unser Tierhaus befindet sich in unmittelbarer Nähe zum Wanderweg „Teufelsmauerstieg", „Harzer Klosterwanderweg", „Selketalstieg, „Hexenstieg" oder zum Radwanderweg R1.

Besucht uns auch gerne unter: www.das-tierhaus-harz.de oder auf unserer facebook-Seite! Wir freuen uns auf euch! 😉

Hildegard Kiehne

Stecklenberger Straße 1, 06502 Thale OT Neinstedt

Fon: 0151-75022147